Zhongguo Tese Qiye Xinxing Xuetuzhi Peixun Jiaocai

中国特色企业新型学徒制培训教材

# 入企教育

人力资源社会保障部教材办公室　组织编写




本书编审人员

主　编：程忠跃

副主编：潘晓艳

参　编：钱益军　贾　欣　张仕寅

主　审：王全铁


U0913938


中国劳动社会保障出版社

**内容简介**

本书是中国特色企业新型学徒制培训教材通用素质课程教材中的一种，主要内容包括快速转变角色、快速融入企业、快速熟悉岗位、正确认识工作、职业健康与安全生产、行为规范、和谐劳动关系、维护劳动权益、培训与发展。

本书适用于各类企业与职业院校、职业培训机构、企业培训中心等教育培训机构开展中国特色企业新型学徒制培训，也适用于企业岗位技能培训和就业技能培训。

**图书在版编目（CIP）数据**

入企教育 / 人力资源社会保障部教材办公室组织编写. -- 北京：中国劳动社会保障出版社，2022

中国特色企业新型学徒制培训教材

ISBN 978-7-5167-5504-4

Ⅰ. ①入… Ⅱ. ①人… Ⅲ. ①企业管理 – 职业培训 – 教材 Ⅳ. ①F272.92

中国版本图书馆 CIP 数据核字（2022）第 161013 号

**中国劳动社会保障出版社出版发行**

（北京市惠新东街 1 号 邮政编码：100029）

*

北京市白帆印务有限公司印刷装订 新华书店经销

787 毫米 ×1092 毫米 16 开本 7.25 印张 118 千字

2022 年 10 月第 1 版 2024 年 4 月第 3 次印刷

**定价：22.00 元**

营销中心电话：400-606-6496

出版社网址：http://www.class.com.cn

# 前　言

为贯彻《关于加强新时代高技能人才队伍建设的意见》文件精神，落实《关于全面推行中国特色企业新型学徒制　加强技能人才培养的指导意见》（人社部发〔2021〕39 号）有关要求，适应规范化、标准化、制度化开展企业新型学徒制培训对教材的需求，建立完善适应新时代企业新型学徒制培训需求的高质量教学资源体系，人力资源社会保障部教材办公室组织有关行业、企业、院校和培训机构的专家编写了中国特色企业新型学徒制培训教材。

中国特色企业新型学徒制培训教材依据国家职业技能标准、职业培训课程规范等进行开发。以培养劳模精神、劳动精神、工匠精神为引领，主动对接学徒生产实际，强化职业道德、职业素养及职业能力培养，积极适应产业变革、技术变革、组织变革和企业技术创新等需求。以工作过程、学习行动、问题解决为导向，有机融合理论培训与实践培训内容，贴近学徒实际水平、贴近企业实际需要、贴近岗位工作现场。

中国特色企业新型学徒制培训教材包括通用素质课程教材和专业基础课程教材两类。其中，通用素质课程教材注重对学徒综合素质和可迁移技能的培养，促进其具备良好职业道德、职业素养及职业能力，能够安全胜任岗位工作；专业基础课程教材注重对学徒专业基础知识和基本技能的培养，促进其适应有关职业（工种）技能的学习。

首批开发的中国特色企业新型学徒制培训教材依据通用素质课程培训大纲、机械类专业基础课程培训大纲、电工电子类专业基础课程培训大纲、汽车类专业基础课程培训大纲编写，具体包括《劳模精神　劳动精神　工匠精神》等 9 种通用素质课程教材，以及机械类、电工电子类、汽车类等专业大类的 10 种专业基础课程教材。

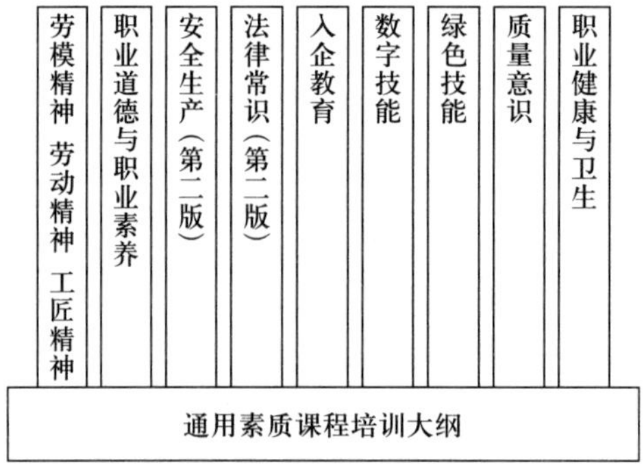


通用素质课程教材体系

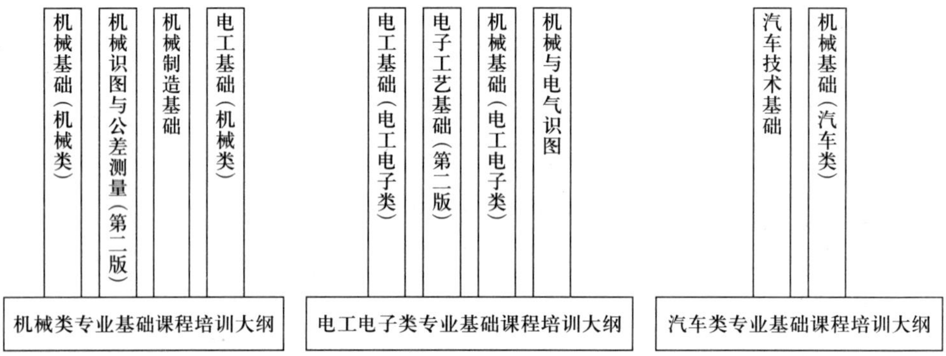


专业基础课程教材体系

本教材是开展中国特色企业新型学徒制培训的重要教学资源。主体读者对象为参加企业新型学徒制培训人员，也适用于企业岗位技能培训和就业技能培训人员。

本教材由程忠跃担任主编、潘晓艳担任副主编并负责统稿，钱益军、贾欣、张仕寅参与编写，王全铁担任主审。本教材在开发过程中得到了北京、内蒙古、辽宁、浙江、山东、河南、广东、重庆、陕西等地人力资源社会保障厅（局）及北京奔驰汽车有限公司、北京电子科技职业学院等企业、院校、培训机构的大力支持与协助，在此一并表示衷心的感谢。欢迎读者对完善本教材提出宝贵意见。

人力资源社会保障部教材办公室

# 目录

# 第1章

# 快速转变角色

## 1.1 学生角色与职业人角色的不同

学生与职业人在社会生活中扮演的角色不同，这主要体现在以下几个方面。

**（1）社会责任不同**

学生角色的主要社会责任是学好科学文化知识，是受教育、储备知识、锻炼能力。职业人角色的责任是依靠自己掌握的能力为社会和他人服务。简言之，学生的责任是学习，职业人的责任则是创造价值。社会责任的区别是这两个角色的核心区别，这一区别也造成了其他方面的差异。

**（2）社会权利不同**

学生角色的权利主要是接受教育及要求得到教育的权利。具体表现在学生有要求父母支持其到学校接受教育的权利，在家庭经济状况不好时，还有请求资助的权利。而职业人角色的权利则是依法行使职权及获取劳动报酬、休息休假的权利等。

**（3）社会规范不同**

对学生的规范多是从培养、教育的角度出发，引导学生德、智、体全面发展，健康顺利地成长为合格人才的行为模式。对职业人的规范、提供的行为模式，则因职业的不同而不同。这些模式既具体又严格，违背了就要承担一定的责任，甚至法律责任。

（4）活动方式不同

学生角色是在接受外界的给予，即接受和输入。而职业人角色则是运用自己的知识和能力，向外界提供自己的劳动，即运用和输出，要求结合实际创造性地发挥能力。

由于社会角色的巨大差异，所处环境和行为方式也会有很大不同，毕业生进入企业后，角色瞬间发生转变，往往很难适应，从而造成许多困扰。

## 1.2　快速排解入职困扰

### 1.2.1　新员工常遇到的困扰

刚刚走出校园迈入企业、初入社会的员工往往还带着一些“学生气”，面对从校园走进企业的角色转换，会产生不同程度的不适应。新员工应认识到这些不适应是正常的，也是可以克服的，不应过度担忧。

（1）工作困扰

新员工在正式参加工作之前，虽然通过在校学习、社会实践等，对工作有些了解，但真正开始工作后，新的工作内容、工作环境、工作要求等还是会使新员工产生各种困扰。

1）工作能力方面。新员工在工作能力上无疑与老员工有较大差距，与工作岗位实际要求也有差距，尤其是欠缺实际操作能力，需要付出一定的时间和精力去学习和适应。企业最希望招聘到的新员工能够与岗位实际实现“无缝对接”，要求新员工立刻适应岗位要求，这往往会给新员工带来额外的压力，造成相当大的困扰和忧虑。

2）工作强度与生活便利性方面。相比职业生涯，学生时代往往还是相对轻松和自由的，成为职业人后，工作地点可能会远离家乡和亲人，新员工常常在吃苦耐劳的精神方面准备不充分，生活自理能力较差，而企业给新员工安排的工作量可能会比较大，简单重复劳动较多，甚至会加班加点，生活方面又远离了亲人的照顾，在衣食住行各个方面会感觉生活品质下降，紧张程度增加，因此很多新员工会感觉生活艰辛，身心疲惫不堪，从而造成困扰。

3）工作纪律方面。企业尤其是生产型企业就像一台高速运转的机器，要求每个员工都参与其中，所以企业的规章制度会非常严格，以确保企业的正常生产。这种严格有时甚至会达到苛刻的程度，新员工如果不能认真学习、深刻领会企业的规章制度，在执行时不能自觉自愿，就会感觉自由受到了束缚，影响自身的情绪，从而造成困扰。

### （2）人际关系困扰

离开校门来到企业，人际关系方面的变化是巨大的，如果不能妥善处理，就可能造成很大困扰。

新员工往往会生搬硬套理想化的模式，习惯性地以对待老师和同学的方式与同事、上司相处，总是试图去改变别人，而不能试着适应不同的人，求同存异。

在学校里，同年龄段的同学们共同语言、共同爱好很多，大家的目标一致，利益冲突较少，很容易交到贴心的朋友；而在企业的新环境中，与各年龄段的同事们相处，尤其是要妥善处理与上司的关系等，对于新员工来说却不是一件容易的事情，有些新员工会感觉很孤独无助，从而造成困扰。

### （3）心理困扰

初入企业，尤其是刚出校门的新员工，除了职业能力尚未完全达到要求外，心理层面的准备往往更加不充分，从而造成较大的困扰，这主要体现在以下 4 个方面。

1）自卑。新员工在感受到自己的能力与企业岗位实际要求存在较大差距时，往往会产生自卑心理，表现出缺乏自信，不敢尝试，不能勇于承担工作任务，一旦遇到挫折就会大受打击。

2）自满。与自卑相对的，有些新员工会出现自满心理，尤其是学历较高的新员工，往往自认为掌握了一定的理论知识，就看不起基层、一线的工作人员，在工作上表现出“小事”“简单事”不爱做，“大事”做不成，对同事不尊重等。

3）焦虑。新员工在工作中往往会因遇到挫折而感到迷茫，对于工作难度、工作复杂程度、工作量等心理准备不足，遇到困难不能妥善处理，对未来失去信心，这时就容易产生焦虑情绪。

4）急躁。有些新员工胸怀大志，非常希望能一展才华，包括对职位、薪酬等都抱有很大的期望。初入企业时，往往会产生急躁心理，急功近利，不能踏实做事，不能专注于本职、本岗位的工作，急于表现自我，而这种心理往往会导致结果适得其反。

### 1.2.2 排解入职困扰的方法

新员工入职遇到工作、人际关系、心理方面的困扰时，首先要把自己的“心门”打开，通过自我心理疏导，积极进行自我调适，快速排解入职困扰，迅速转变角色，更好地度过入职期。常用的排解入职困扰的方法有以下几种。

#### （1）合理定位

**【案例】**

小王毕业后入职一家企业，一段时间后他成长为这家企业的一名技术骨干，屡次在企业内部的技能大赛中取得佳绩。后来他还代表企业参加了该行业的全国技能大赛，获得第二名。很多人都很好奇他为什么能在短期内取得如此优异的成绩。小王公开了他成功的秘诀。原来他在学习每一项技术时，都会认真琢磨，把技术的整体要领吃透，并把技术的每一个关键步骤记录下来。然后他会认真琢磨每一个关键步骤，掌握一个，再去琢磨下一个，一个一个地去攻克，直至完全掌握这项技术。原本一项复杂的技术被他分解成若干小目标，每完成一个小目标，就获得了一次成功的喜悦，不断激励自己去完成下一个小目标，最后完成整个大目标，这就是他成功的秘诀。

很多新员工刚刚走出校门，很容易给自己设定较理想化的目标，过高地要求自己，如果难以达到，就容易产生失落、挫败等情绪，这时就需要积极疏导自己的心理，避免走极端。通常在这种情况下，新员工可以先降低标准，确定一个比较容易达成的小目标，通过完成这个小目标去增强自信心，进而再去攀登更高的“高峰”，使自己取得更大的进步。

#### （2）换位思考

**【案例】**

某企业总裁需要聘请一位秘书，于是在几家媒体上登载了一则广告，结果应聘的邮件如雪片般飞来。但这些邮件大都如出一辙，他们的第一句话几乎是一样的：“我看到贵公司招聘秘书的广告，我希望可以应聘这个职位，我今年××岁，毕业于××学校，我如果能荣幸被您选中，一定兢兢业业干好这份工作。”总裁对此很失望，正琢磨着是否放弃这次招聘计划时，一封邮件姗姗来迟，总裁看到后惊喜不已，认定秘书人选非她莫属。

邮件内容是这样的：“敬启者：贵公司发布广告一定会引来成百乃至上千封求职信，而我相信您的工作一定特别繁忙，很难有足够时间来认真阅读。您只需轻轻拨一下这个电话，我很乐意过来帮助您整理邮件，以节省您宝贵的时间。您丝毫不必怀疑我的工作能力，因为我已经有15年的秘书工作经验。”

这位总裁说：“懂得换位思考，能真正站在他人的立场上看待问题、考虑问题，并能切实帮助他人解决问题，这个世界就是你的。”

换位思考是一种非常重要的心理疏导方法，有利于排解入职困扰。如果我们总是从某一个角度去看待问题，就很容易遇到瓶颈而产生消极心理，这时如果转换一个角度去思考，就可能给我们带来更多的想象与更多的可能，就能更加理解他人，更好地与他人相处，从而迅速找到解决问题的方式和方法。在这种想象与可能的塑造下，也创造了更丰富的自我世界。

### （3）沟通交流

**【案例】**

有这样一则故事，狮子和老虎之间爆发了一场激烈的冲突，最后两败俱伤。临死前，狮子对老虎说：“如果不是你非要抢我的地盘，我们也不会这样死去。”老虎吃惊地说：“我从未想过要抢你的地盘啊，我一直以为是你要抢我的地盘呢！”

试想：如果狮子和老虎的这段对话发生在冲突前，是不是就可以避免这场悲剧的发生呢？在沟通中，不要简单地认为所有人的认识和看法都与自己是一致的，对待不同的人，要采取不同的模式，要用听得懂的“语言”与他人沟通。

工作中处处需要沟通，跟领导沟通，跟同事、客户沟通，跟消费者沟通，处处考验员工沟通的综合能力。一个人越是孤僻、不合群，就越容易走极端。一项心理研究调查显示，一个人长期独处，内心容易变得自我、孤僻，甚至自我认识也会变得局限，这时可以通过积极的交流予以缓解，多与人交流，使自己的内心世界变得精彩。

其实，排解入职困扰的方法很多，遇到不同问题、面对不同的心理状态时使用的方法会有所不同，需要具体问题具体对待。

# 1.3 快速实现角色转变

新员工要迅速转变角色，实现快乐工作，消除困扰，就要努力从以下 3 个方面入手。

## 1.3.1 快速投入工作

要想成功转变角色，做好本职工作是第一位的，如果工作做不好，其他方面做得再好，困扰也永远无法消除。

### （1）尽快熟悉、认同企业文化，融入企业

通过入职培训等方式，尽快弄清企业文化和核心价值观，了解企业发展战略、策略及发展目标，尤其是要掌握企业文化内涵，根据企业文化和核心价值观，随时调整自己，使自己尽快融入企业，这样能大大缩短自己的角色转变期。例如，我们都熟知的华为技术有限公司（以下简称“华为”）特别强调的企业文化就是“狼性”，其内涵可以概括为：学习、创新、获益、团结。学习和创新代表敏锐的嗅觉，获益代表进攻精神，而团结则代表群体奋斗精神。如果新员工不能理解这种企业文化，不能按照这种企业文化改造自己，只想做“羊”，不想做“狼”，那么即便你加入了华为，在公司的发展前景也会大大受限。

### （2）尽快熟悉岗位，明晰岗位职责和具体的工作任务

新员工入企后都会有明确的岗位，要用最短的时间及时了解本岗位在企业中的职能和地位，尤其要特别清晰地了解本岗位的职责，自己日常工作要完成的工作任务，包括工作任务的细节要求，任务的目标，完成的时间要求、质量要求、能力要求等；还要熟悉自己的工作岗位环境，与其他岗位的工作衔接情况，要与哪些人打交道；明确自己该做什么、不该做什么，相关的卫生、安全要求等。

### （3）尽快提升工作能力，胜任工作岗位

通过对岗位职责、工作任务的认知和熟悉，以及一段时间的工作实践，新员工会知悉自己的工作能力与岗位工作要求的差距。如果这种差距长期存在，则新员工的困扰会一直存在，要想尽快迈过这道坎，就必须通过努力尽快弥补这一差距，提升工作能力，使自己迅速胜任目前的工作岗位。这就需要增强工作的主动性，做好工作和学习计划，虚心向导师和上级请教，并不断学习，不断提高。一旦工作能力有所提升，做到游刃有余，则自信心也会提升，进步的速度还会加快。

## 1.3.2　快速树立良好的职业形象

良好的职业形象往往会给同事、领导留下深刻的第一印象，对于自己尽快融入企业甚至今后的职业发展都是大有益处的。

### （1）仪表整洁

职业人的仪容仪表与学生和其他社会人员有着较大差别。简言之，职业人的仪容仪表应整洁，显得端庄得体。着装和服饰应整洁大方，除非特殊岗位，否则不能过于花哨时髦，更不能邋遢随意。整体形象应积极向上，充满活力。有些工作岗位要求着工装，新员工必须严格按照着装标准穿着工装。需要注意的是，有些新员工角色转变慢，虽然工作了一段时间，但仍然一副学生模样的穿着装扮，这样给人的感觉“不职业”，一旦给同事和上司留下“不职业”和“长不大”的“孩子”印象，则很可能长时间都无法扭转。

### （2）待人有礼

在待人接物方面，新员工要做到不卑不亢，有礼貌、守信用，不能过分腼腆，缺乏自信，也不能目中无人、夸夸其谈。

### （3）勤奋守纪

勤奋不仅仅体现在工作上，也体现在日常其他事务中，比如在办公场所打扫卫生、打开水等，新员工要主动多干，要认识到这是新员工应该做的。守纪就是要遵守劳动纪律，这在企业中格外重要，初入职场，一定要做到遵守企业各项规章制度和劳动纪律，不迟到不早退，最好是提前到岗，稍晚下班。

#### （4）多做事，少抱怨

简言之，就是少说多做。“踏实”和“靠谱”往往是老员工对新员工最好的评价了，而少说多做就会给别人留下这样的好印象。新员工应懂得从实际情况出发去处理问题，不能生搬硬套理想化的模式；少抱怨，甚至不抱怨，尤其不要向同事和领导随便抱怨；不要高高在上，要从最基础的工作开始，老老实实做人，踏踏实实做事。

### 1.3.3　快速融洽人际关系

处理好人际关系，表面上看是靠能说会道、光鲜外表，但实际并非如此。作为职业人，融洽人际关系最重要的当属做好本职工作，如果自己的职业素质过硬，职业能力超群，大多数情况下，在单位里都会大受欢迎。个人能力越强，受欢迎的程度越高。

新员工要融洽人际关系，除了不断提高自己的职业能力以外，还要做到以下几点。

#### （1）切忌独来独往或拉帮结派

新员工入企后，往往会发现同龄人少，与他人的共同语言少，自己常常感到孤独，很多时候会将快乐寄托在周末的同学、朋友、家人聚会上，在企业里独来独往，自行其是。还有些新员工，因同时入企的同龄人较多，则长期与这些人“混”在一起，与其他人不相往来，形成小团体，这些都是不“职业”的表现。作为职业人，来到一家新的企业，面对新的环境和人际关系，要积极面对，主动接触，同事们长期在一起工作，需要互帮互助，如果不能建立和谐的人际关系，工作也必定做不好，自己也会不快乐。

#### （2）态度诚恳、谦虚、随和

新员工在企业中资历最浅，别人表现出某些轻视、忽视是可以理解的，新员工应该放平心态，一方面要做到宽以待人，不斤斤计较；另一方面要严于律己，对他人保持诚恳、随和的态度，这样不但有利于处理好人际关系，还有利于向前辈学习宝贵的工作经验。

#### （3）尊重上级，服务团队

一家企业的执行力强弱从某个方面体现了该企业的管理水平。而员工个人对上级的尊重和对指令的执行力则在一定程度上体现了该员工职业化的水平。上级的指挥代表的是组织权力，新员工在工作中要坚决听从上级的指挥，尊重上级，维护上级权威，善于向上级学习；在团队中要熟悉团队目标，认清自己的职责，并主动为团队做出额外贡献，不计较个人得失，这样才能迅速得到团队成员的认可和支持。

## 即学即用

1. 结合所学内容，联系你的实际想法，谈谈成为新员工后你对角色变化的理解。请完成以下练习。

（1）成为新员工后，你认为与原来的你相比，最大的不同是什么？

________________________________________

________________________________________

________________________________________

________________________________________

（2）成为新员工后，你认为与原来的你相比，困扰增加了吗？如果有，你认为最困扰你的是什么？

________________________________________

________________________________________

________________________________________

________________________________________

（3）你认为怎么做才能消除你的困扰？请列出消除困扰的具体计划。

________________________________________

________________________________________

________________________________________

________________________________________

________________________________________

2. 采访一下那些有丰富工作经验的老员工或者自己的长辈，了解他们当初在转变入职角色时遇到的问题，以及他们是怎么解决这些问题的。从这些经历中你也许会获益匪浅。

被访者姓名：__________ 年龄：________ 所从事的工作：______________

初入企业的时间：__________________

（1）他（她）当初入职的简单经历及遇到的最大问题是什么？

________________________________________________________________________

________________________________________________________________________

________________________________________________________________________

________________________________________________________________________

（2）他（她）是如何解决这个问题的，用了多久才解决，他（她）的做法对现在的你有何启发？

________________________________________________________________________

________________________________________________________________________

________________________________________________________________________

________________________________________________________________________

________________________________________________________________________

________________________________________________________________________

________________________________________________________________________

________________________________________________________________________

________________________________________________________________________

________________________________________________________________________

________________________________________________________________________

________________________________________________________________________

________________________________________________________________________

# 第2章 快速融入企业

一所学校正在建设中，有人向现场忙碌的敲石工人问了一个同样的问题，“你在做什么？”却得到了不同的回答。

第一位工人没好气地回答：“在做什么，你没看到吗？我正在用这个重得要命的铁锤敲碎这些该死的石头。这些石头特别硬，害得我的手酸麻不已，这真不是人干的活儿。”

第二位工人无奈地答道：“为了每天100元的工资，我才会做这份工作，若不是为了一家人的温饱，谁愿意干这份敲石头的粗活儿？”

第三位工人眼光中闪烁着喜悦的神采：“我正参与兴建这所美丽的学校，学校落成之后，会有很多孩子在这里接受教育，走向社会，获得人生的成功。”

那么，设想10年后，他们之中谁会取得成功呢？

一般来说，职业定位有三个支点，即生存、发展和快乐。很多新入职的员工特别关心收入、待遇、办公条件等，这本来无可厚非，但新员工如果仅仅把工作定位为满足生存需要，则其职业生涯很难获得发展，更难以收获快乐。

一个职业人要在自己漫长的职业生涯中获得成功，并且能够快乐工作，那么就必须热爱所从事的工作，对所在的企业必须忠诚。而做到这些的前提是了解行业、熟悉企业。所以，员工对行业、企业的全面了解是非常必要的，越早融入企业越好。这就要求新员工在熟悉具体工作任务并做好本职工作的基础上更早、更全面地了解企业，了解行业，明确自己工作的价值和意义所在，为自己设立短期、中期和长期的发展目标，规划自己的职业生涯。

# 2.1 熟悉业务

熟悉业务是员工快速融入企业的第一步，它主要包括了解行业、知悉企业两个关键环节。

## 2.1.1 了解行业

员工进入企业后，首先要对自己所在的行业有一个基本的了解。这种了解可以增加自己的职业责任感和荣誉感，是规划自己职业生涯的基础。

### （1）了解行业的内容

需要了解行业三个方面的内容，如下图所示。

| | |
| --- | --- |
| 内容1 | ◎行业创造的社会价值，行业的发展历史、现状及发展趋势 |
| 内容2 | ◎本行业的运行方式，包含了哪些职业 |
| 内容3 | ◎有关政策及这些政策对本行业的影响和约束等 |

《中华人民共和国职业分类大典（2015年版）》将我国职业归为8个大类、75个中类、434个小类、1481个职业。第一大类为党的机关、国家机关、群众团体和社会组织、企事业单位负责人；第二大类为专业技术人员；第三大类为办事人员和有关人员；第四大类为社会生产服务和生活服务人员；第五大类为农、林、牧、渔业生产及辅助人员；第六大类为生产制造及有关人员；第七大类为军人；第八大类为不便分类的其他从业人员。新员工可对照看看自己从事的工作属于哪个分类，并尝试分析这个行业对社会的贡献和价值所在。

### （2）了解行业信息的途径

1）通过关注广播、电视、报纸、网络等媒体的相关报道，员工可以了解行业发展趋势、动态及新颁布的政策法规等。

2）通过参加行业论坛或者展示会，员工可以了解行业的最新技术、行业概况、发展历史以及发展趋势等。

3）通过阅览行业的门户网站或者行业内具有代表性企业的相关资料，员工可以了解本行业的相关新闻、发展现状、发展前景等。

4）通过翻阅书籍、行业期刊等资料，员工可以了解行业发展情况、竞争对手情况、行业发展前景等。

5）通过同行或者同事的介绍，员工可以更直接地了解行业现状。

## 2.1.2　知悉企业

员工了解行业的基本情况后，还要知悉自己所在企业的各种情况，尤其要熟悉所在企业的企业文化，这是建立个人与企业良好关系的重要一步。

### （1）需要知悉企业的内容

员工需要知悉本企业 7 大方面的背景资料，具体如下图所示。

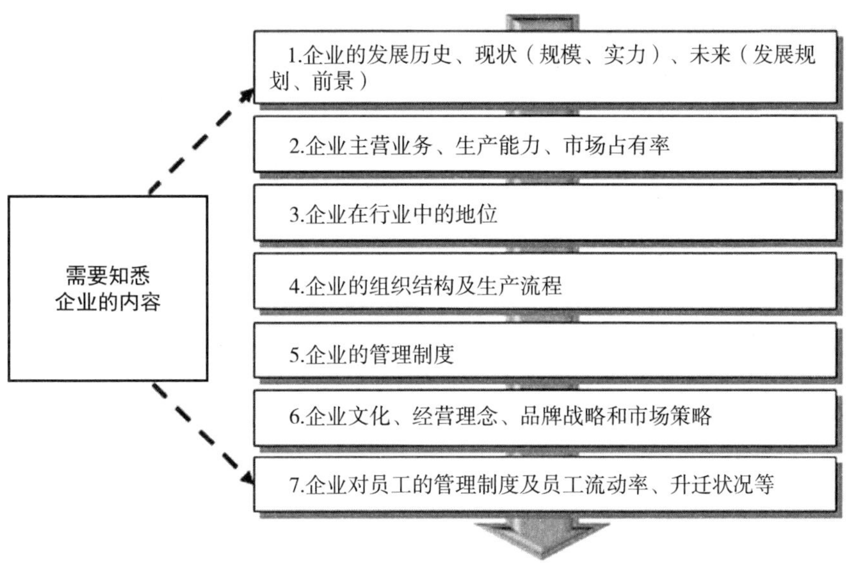


上述内容非常重要，新员工不但要学习，甚至要深刻领悟，只有这样，才能顺利地投入工作，并融入企业，产生对企业的忠诚感。

这些内容一般在入企培训时都会被列为培训内容，对有些内容，如果自己错过了学习或没有了解清楚，也要自行通过其他办法学习。

**（2）知悉企业的途径**

员工可通过以下 6 大途径了解本企业各方面的知识。

1）参加员工的职前培训。一般企业都会对员工进行职前培训，培训中会对企业的概况进行说明，如企业文化、管理理念、主营业务、组织结构等，这是员工充分了解企业的第一信息源。

2）浏览企业的网站。通过浏览企业的网站，员工不但可以了解企业和产品概况，还能知道企业的发展动态、最新消息等。

3）查阅企业内部资料。通过查阅企业内部资料，如企业内刊、企业的各项规章制度等，员工可以更深入地了解企业文化、管理制度，对员工的管理、绩效考核制度等。

4）关注各种媒体及行业期刊对本企业的报道。通过关注各种媒体及行业期刊对本企业的报道，员工可以了解企业的发展动态、市场地位、宣传策略、行业形象、竞争情况等。

5）参加企业组织的员工内部交流。通过参加企业组织的员工内部交流，员工可以了解企业文化、产品知识、工作策略、工作技巧、企业对员工的管理政策、人员的流动情况等内容。

6）阅读企业的各类报表。通过阅读企业的各类报表，如业绩报表、生产成本报表等，员工可以了解企业的生产能力和现状。

## 2.2 践行文化

员工在熟悉企业的业务情况后，还要对企业的文化有全面深刻的认识，并在工作中积极践行企业文化，这是快速融入企业的重要步骤。

### 2.2.1 了解企业文化

企业文化是企业在自身发展过程中逐步形成的，为全体员工认同并遵守的价值体系，包括企业生产经营实践中形成的愿景、使命、价值观、精神、宗旨、经营理念，以及这些理念在员工行为方式、经营习惯与企业习俗仪式等方面的体现等。它是一种通过凝聚人心来实现员工自我价值、提升企业竞争力的无形力量。

企业文化是全体员工认同并遵守的价值体系，它具有商业性、强制性、反作用性等特点。

企业文化并不是“为文化而文化”，更多的是企业在追求商业目标时自发形成的，其出发点和目的都带有浓厚的商业性。

企业文化不是先天存在的，而是企业在长期生产实践中总结、提炼、培育形成的，而且企业文化也不是一成不变的，需要根据时代的变化而变化，与时俱进。

企业文化通常是领导者（尤其是企业创始人）个人性格特质与行事风格的折射，领导者个人的思想、品德、性格、感情、能力等因素通过企业组织机构对文化的内涵施加影响。因此，企业文化的形成是自上而下的，带有一定的强制性，在企业中通常被称为“思想权力”。

企业好比大海中的一条航船，面对激烈竞争的惊涛骇浪，全体员工唯有齐心协力，同舟共济，才能使企业的航船破浪前行，每个企业成员才能在企业的成功中同时获得个人事业的成功和最大的物质利益。因此，员工尤其是新员工必须充分了解企业与自己这种休戚相关、荣辱与共的关系，激发自己对企业的归属感与责任感。爱厂如家、视工作为生命，全身心地与企业融为一体，只有这样，才能与企业在价值观念上自觉认同、把企业的目标作为自己的目标、以企业的成败作为自己的成败；只有这样，企业才能在激烈的市场竞争中获胜，个人才能在今后的职业生涯中越走越顺。

**【案例】**

小王毕业后到了徐工集团做后勤工作。众所周知，徐工集团的企业文化强调的核心价值观由 9 个字组成，即“担大任、行大道、成大器”。

小王认为，自己就是一名普通的员工，从事的也不是企业的业务核心工作，只要利用自己所学踏实做好本职工作，不用考虑其他，就可以得到同事和领导的赏识，所以每天只是按时上下班，业余时间也不再学习业务知识，不思进取。

根据前面所述的企业文化的概念和特点，我们知道企业文化在工作实践中具有强制性的特点。作为企业的一员，而且是新进入企业的一员，不管是后勤人员还是业务人员，通常都要了解、学习企业文化，这是企业对员工个人性格、习惯和行事作风的一种自上而下的改造。员工的行为如果与企业文化相悖，如上例，小王没有树立“担大任、行大道、成大器”的价值观，不思进取，那么他就不会融入徐工集团文化，也就不可能在集团里有更好的发展。因此，小王作为企业的新员工，最好的方法是积极了解、学习并争取融入企业文化。

## 2.2.2 融入企业文化

新员工了解、学习企业文化并不是最终目的，最终目的是践行、融入企业文化，真正与企业同心同德，实现共同发展。

### （1）把握本企业文化的精髓

新员工在了解、学习本企业文化时，要注意把握企业文化的精髓，找到企业文化的个性之所在，揣摩企业的精神、价值观念、经营理念、工作信条等与其他企业的差异。更重要的是，找到企业文化与自身价值观的共鸣之处，在心灵深处与其融合。

把握企业文化的精髓看起来似乎很容易，但做起来却并不那么简单。通常，企业的使命、愿景、核心价值观及其指导下的诸多工作理念已经由相关人员概括并通过各种途径传达给员工了，但员工在深入理解企业文化内涵的时候还要注意以下几个方面。

1）了解企业创始人。通常，企业文化基干的奠定者是企业的创始人，创始人个人的理念、价值观与工作风格对企业文化的影响是非常深远的，可以说只有了解企业的创始人才能真正了解一家企业的文化精髓。

2）了解企业发展历程。一家企业能够持续存在、不断发展，肯定有其管理、业务或团队建设等各个方面的独到之处，而这些内容都集中展现在企业的发展历程中。员工只有了解企业的发展历程，才能真正理解企业的文化基因，把握企业文化精髓，对企业“凭什么走到现在”有一个自己的答案。

3）了解企业的标志性、历史性事件。通常，企业发展并不是一帆风顺的，而是曲折甚至充满危机的。企业发展过程中的一些标志性、历史性事件往往会对企业文化的形成产生关键性的影响。员工要想把握企业文化精髓，就必须注意了解企业的这些标志性、历史性事件。

### （2）将企业文化融入工作、生活

员工在把握企业文化的精髓后，就要将其融入自己的工作、生活之中，从而达到践行企业文化的目的。一般来说，员工可以通过以下方式将企业文化与自己的工作、生活进行融合。

1）要有敬业意识。正所谓“爱岗敬业”，敬业总是与爱岗联系在一起。员工在工作中要做到敬业，首先就要爱岗，对工作要有责任感、事业心，追求职业理想，恪尽职守，精益求精。

2）要有服务意识。作为企业中的普通员工，可能不直接面向用户，但是也要时时刻刻从用户的角度出发，做好自己的本职工作，一切以服务用户的价值为依归。

3）要有工匠精神，树立质量意识。作为一名员工，要热爱自己的工作岗位，秉持工匠精神，对产品持续不断地推敲、打磨、优化，矢志于追求卓越的品质，致力于打造伟大的产品。工作中有了问题，要刨根问底，通过各种方法将每一个问题研究透，把工作做到极致。

4）要有规则意识。作为一名员工，要发自内心地以规则作为自己的行动准绳，做到遵守法律、遵守社会公德、遵守企业的规章制度。

5）要有团队意识。作为一名员工，同时又是团队中的一员，只有团队的成功才能实现个人的更大价值。因此，要关注团队的一切，始终与大家心往一处想、劲儿往一处使，最终实现团队的目标。

除了这些常见的方式，员工还可以根据企业文化的要求，制定自己独特的学习规划，不断将自己的思维、行动与企业文化融合，践行企业文化，最终成为企业大家庭的一分子。

**【案例】**

小李毕业后到一家汽车公司的生产线上做了一名操作工，负责其中一个部件的安装工作。在实际工作中，他发现公司新投产的一种自主生产的汽车零部件的样子不太好看，希望能换个新的样子，便想向班组长反映，但又觉得自己人微言轻，有点忐忑不安，此时他想起了入职后听到的一则关于公司总经理的故事。

据说，公司总经理曾经带着研发人员到日内瓦出差。忙完白天的事，吃过晚饭之后，大家以为可以好好休息一下了，有的准备打牌，有的准备看电视，没想到总经理却突然要求大家紧急集合，集体外出。

众人不禁喜出望外，以为是老板请大家出去玩，没想到总经理带着大家到大街上去“盯车”。

在璀璨的霓虹灯下，总经理给大家布置了一项任务，那就是盯着大街上来来往往的汽车，看着它们的外形，估计它们的参数，反正就是想怎么看就怎么看，回去交一份“盯车”心得，之后还要开会集体讨论，看有没有公司可以借鉴的地方。

当时公司正在进行一个重点产品的集体攻关，在他的督导下，日内瓦街头那些造型流畅、时尚大气的轿车都成为研发人员的现场老师，研发人员在大街上盯着一辆辆过往的汽车，激发着自己的思路。回国后，大家很快就在设计上有了突破，而那款产品也成功将公司的品位提升到了一个新的层次。

小李一想到这个故事，就觉得以总经理为核心的公司管理层应该不会嘲笑自己的看法，便向主管领导汇报了自己的设想，很快得到了公司管理层的回应。经过探讨，大家一致决定采纳小李的设想。

很明显，小李入职之后，学习企业文化并没有浮于表面，而是深入把握企业文化的精髓，通过一则故事把握到了公司总经理个人的工作风格，并在工作实践中积极响应这种风格，大胆向上司提出了自己的设想并得到了积极回应。这既是一种敬业意识，也是在工作中实践企业文化的成功案例，同时还是企业文化良性循环的表现。

## 2.3 面向市场

面向市场是员工融入企业的第三个重要步骤，新员工面向市场的第一步就是要了解本企业的产品或服务。

### 2.3.1 了解实物型产品

#### （1）了解和产品有关的知识

对员工而言，产品知识所涵盖的范围是非常广泛的，它是指生产一件产品所需要知道的各种知识。通常，员工需要从以下 3 个方面了解和产品有关的知识。

1）产品的基础知识。产品的基础知识包括四个部分：第一，硬件部分，主要指产品的性能、品质、材质、特点、制造方法、重要零件、附属品、规格、改良点及拥有的专利等；第二，软件部分，主要指产品的设计风格、色彩、流行性、前卫性、包装等，目前，市场上同类产品功能趋于雷同，实物型产品的销售和竞争重点逐渐转移到了“软件”上；第三，使用知识，主要指产品的使用方法，如用途、操作方法、安全设计、物流状况、保修年限、维修条件、购买程序等；第四，交易条件，主要包括产品的定价方式、价格条件、交易条件、物流状况、保质年限、维修条件、购买程序等。

2）产品的外围知识。产品的外围知识主要包括竞争产品的情况、市场行情的变动状况和市场的交易习惯、客户的关心点、相关法律法规等内容。

3）产品的诉求重点。产品若想有效地打动客户，必须有自己的诉求重点，即产品的市场定位、特有性能、满足客户的需求点和能给客户带来的利益点等。

#### （2）掌握产品的相关知识

员工可通过填写下面“产品解析表”中的相应内容来掌握产品的相关知识。

**产品解析表**

| 项目<br>产品 | 硬件 | 软件 | 使用方法 | 交易条件 | 市场诉求 | 优势及利益 | 备注 |
|---|---|---|---|---|---|---|---|
| 产品 1 | | | | | | | |
| 产品 2 | | | | | | | |
| 产品 3 | | | | | | | |
| …… | | | | | | | |

#### （3）获得产品知识的渠道

1）通过阅读获得信息。通过阅读产品说明书、设计图、企业内部资料、企业制作的产品宣传资料、新闻媒体刊载的资料、产品包装上印制的说明、专业网站的相关产品介绍等，员工可以掌握产品的基本知识，如产品用途、外观、技术、保存方法等。

2）通过相关人员的介绍获得信息。员工可以通过企业相关部门人员、竞争者和客户等渠道获得产品的相关信息，如下图所示。

| 获得信息的渠道 | 获得的信息 |
| --- | --- |
| 上司、同事 | 了解产品知识和产品的诉求重点等 |
| 生产制造部门人员 | 了解产品的生产流程、加工工艺、制造方法等 |
| 营销广告部门人员 | 了解产品的品牌战略、销售政策、促销策略等 |
| 技术服务部门人员 | 了解产品的技术构成、售后技术指导与培训等 |
| 研究开发部门人员 | 了解产品的专利、研究过程、技术特征等 |
| 竞争者和客户 | 了解产品的市场地位、竞争状况、客户的使用情况等 |

3）通过员工自己的实践积累。员工也可以在工作过程中积累产品知识，包括工作过程中的心得、客户的意见和建议等。

4）通过参加产品说明会获得信息。参加产品说明会也是了解产品的一个途径，一些企业经常通过这种方式介绍产品。

另外，员工在掌握产品知识的过程中还要不断总结归纳，达到能够用简练语言陈述出产品特点、特性的目的。

## 2.3.2 了解服务型产品

有些企业，如家政服务公司、培训服务公司、旅行社等，以输出服务为主营业务，服务项目就是它们的产品。这类企业的员工需要了解的内容主要包括5项，如下图所示。

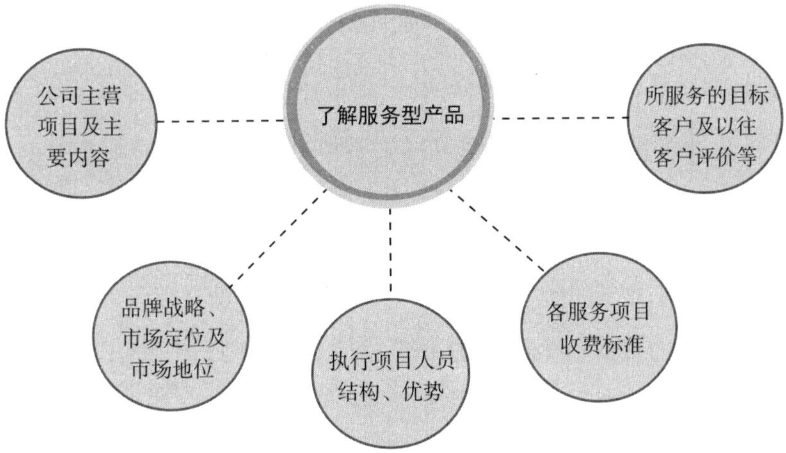


服务行业的产品（主要是服务）更强调在“软件”上的区别。例如广告行业，若想在多家同类型企业中脱颖而出，则更多地取决于企业的外部形象、品牌形象和艺术风格，这时候竞争的就是特色和准确的定位。

因此，员工必须对本公司产品的“软件”有深入的了解，并且让自己的工作活动与企业的意图保持一致。

# 2.4 学习制度

## 2.4.1 学习业务管理制度

快速融入企业，除了要熟悉业务、践行文化、面向市场外，还要学习、遵守企业的各项规章制度，将自己融入企业制度体系之中。

业务管理制度是指企业为保证经营过程中的生产、采购、销售等各项业务的正常运行，依照相关法律、政策而制定的具有法规性或指导性及约束力的应用文件。企业制定的其他制度，如行政制度、人力资源管理制度、财务制度，都是为经营活动服务的。如果业务管理制度制定合理且目标明确将有利于其他制度发挥更佳的作用。

企业的业务管理制度在不同性质和行业的企业中会不同，如项目运作型企业的业务管理制度就以项目管理为主，商品经销型企业的业务管理制度就以营销管理为主。企业常见的业务管理制度有产品生产管理制度、项目开发管理制度、销售业务管理制度、采购业务管理制度、仓储管理制度等。

员工要根据自己的岗位和职业发展规划，学习企业的各项业务管理制度，以快速融入企业的各项业务，这是员工熟悉工作必然要经历的一个步骤。

### 2.4.2 学习人力资源管理制度

人力资源管理制度是企业非经营性管理制度中与员工关系非常密切的制度规范。科学合理的人力资源管理制度能体现企业人力资源管理的需要和员工的个人利益需求，使管理工作按照一套严格的规划及操作程序合理运转，达到人力资源管理中人与事、人与组织以及人与人之间相互协调的目的。同时，完善的人力资源管理制度也是企业组织高效运转的保证。

企业人力资源管理制度的内容一般包括员工招聘录用制度、员工培训制度、考核制度、薪资福利制度、考勤休假制度、离职制度等。

员工在工作中要对企业的人力资源管理制度有一个基本的了解，对与自己切身利益相关的规则更是要深入学习，以保护自己的合法权益。

### 2.4.3 学习财务管理制度

财务管理制度是企业依据《中华人民共和国会计法》《企业会计准则》等法律法规，结合自身实际情况制定的系列制度，内容一般包括预算管理、资金管理、财务分析决策管理、投融资管理、资产管理、负债与所有者权益管理、成本管理、收入利润管理、审计管理、税务管理、并购与清算管理等，可以说是一个非常庞大的体系。

员工学习财务管理制度并不是要像企业财务人员一样熟悉各项财务细则，而是要有选择地学习、了解一些与自己相关的财务规范，如如何认识发票、开具发票、财务报销等。对这些内容，企业通常都会开展相关培训，员工要注意学习，不能违反相关制度和规定。

### 2.4.4 学习安全管理制度

《中华人民共和国劳动法》规定："用人单位必须建立、健全劳动安全卫生制度，严格执行国家劳动安全卫生规程和标准，对劳动者进行劳动安全卫生教育，防止劳动过程中的事故，减少职业危害。"可见，学习安全管理制度既是员工的一项义务，也是国家对劳动者的一种保护措施，通过学习安全管理制度，员工可以预防事故的发生，减少职业危害。

## 即学即用

1. 请结合你的企业实际完成以下练习。

你所在企业的名称：________________

你所从事职业的名称：________________

（1）你所在的企业在同行业中的地位如何？通过对行业和企业的认知，你认为本企业为整个社会做出了哪些贡献？分析一下其存在的价值。

________________

________________

________________

________________

________________

________________

________________

（2）设想一下，在最理想的情况下，你希望你所在的企业 10 年以后会发展成什么样子。随着企业的发展，你个人的发展前景如何？

________________

________________

________________

________________

________________

________________

________________

（3）对照下图，用最简洁的语言描述你了解到的企业概况。

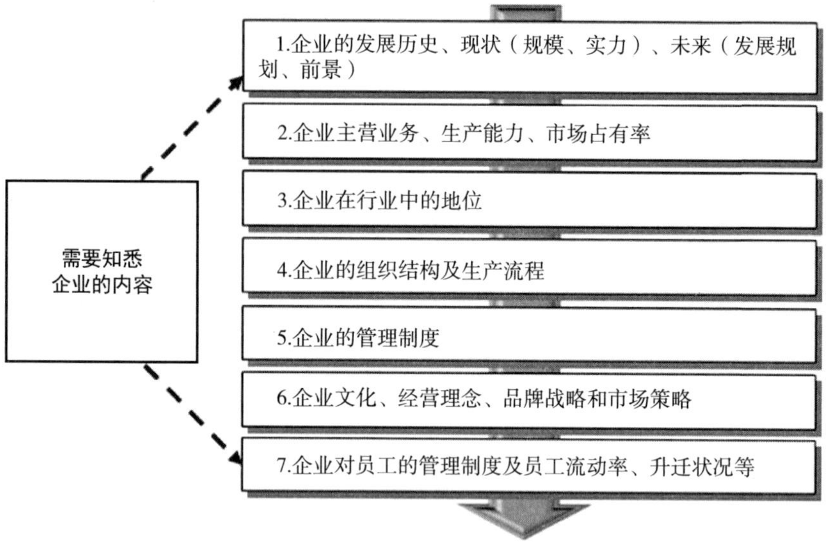


2. 用心观察并学习你所在企业的企业文化，完成以下练习。

（1）你所在企业倡导的核心价值是什么？

（2）你在企业中见到最多的标语、口号是什么？谈一下你对这些标语、口号的认识与理解。

3. 认真了解你所在企业的产品或服务，完成以下练习。

（1）你所在企业主要生产什么产品或提供什么服务？你的工作在这个产品或服务中起到什么作用？

（2）试着从硬件和软件两个方面分析你所在企业产品的特点、优势，以及它们在哪些地方与世界先进水平还有差距。

4. 通过学习企业的各项制度，你应该能够顺利地完成以下练习。

（1）假如你的上司让你去市场购买一些办公用品，根据企业的财务管理制度，你需要注意哪些问题？

（2）从你自身条件出发，分析一下，按照企业人力资源管理制度要求，你需要达到哪些条件，需要多久就可以升职或加薪？

（3）根据企业安全管理制度要求，你每天必须要做的安全方面的行为有哪些？

# 第 3 章

# 快速熟悉岗位

新员工上岗前必须全面了解所在岗位的岗位职责、工作任务、工作注意事项以及岗位未来发展潜力等。

## 3.1　了解岗位的途径

员工入职后要通过各种途径对自己的工作岗位进行了解，这些途径可以分为企业内部途径与外部途径。

### 3.1.1　通过企业内部途径了解岗位

#### （1）通过企业文件了解岗位

企业一般会在岗位说明书、劳动合同等文件中对员工岗位的职责进行描述，对该岗位的名称、所属部门、直接上级、工作职责、工作内容、工作质量要求、工作权限等作出说明。这是最主要、最直接、最准确了解岗位的途径。

#### （2）通过导师了解岗位

按照“中国特色企业新型学徒制”的要求，新员工在企业里工作，通常会有导师指导，而导师大都由从业多年、具有相当技能水平的人担任。与这样的行业“前辈”交流，员工势必能在短时间内了解许多该岗位的知识和经验。所以，新员工要有“空杯”心态，积极地向导师学习相关的岗位知识和经验，尤其是导师本人在长期实践中总结、提炼出来的独特经验更为宝贵，新员工要注意积极学习。

### （3）通过上级和同事了解岗位

上级尤其是直接上级对岗位的介绍和描述很重要，上级对岗位的理解在一定程度上可以反映出上级对该岗位的工作评价标准，有些甚至不会写在相应的企业文件中，而需要员工在平时与上级的接触中去领悟和体会。

那些已经在相同或类似岗位上干了一段时间的同事，对岗位的了解必然超过刚入职不久的新员工，新员工可以通过与同事交流来了解该岗位的一些基本情况。

**【案例】**

小林从小就对发动机兴趣浓厚，毕业后抱着成为“发动机医生”的梦想到一家发动机厂工作，跟着师傅学习。但天不遂人愿，没过多久他的师傅就离职了，为了实现梦想，他准备拜厂里最难“伺候”的一位老师傅为师。

这位老师傅虽然技术过硬，是全厂的维修权威，但因脾气火暴，全厂几乎没人敢跟他学习。小林心想：骂就骂几句，被师傅骂也很正常，只要能学到东西就行！于是他主动找到这位老师傅，表达了自己拜师的愿望。为了考验小林，老师傅让他给大家讲课。为了完成讲课的任务，小林一有时间便为讲课做准备，前前后后手写了 20 多页教案，最终讲课的效果非常好。而且，小林为了讲好课，还自费买了很多参考书，老师傅得知后觉得小林很好学，终于答应带他教他。

有师傅肯带自己，小林高兴得不得了。虽然事前已有一定心理准备，可师傅的严厉程度还是有些出乎他的意料。厂里大部分设备都是进口的，价格昂贵，当时只有老师傅敢碰。维修时，师傅做，小林看，有时因为工具递得不够快或是递错了，师傅就指着小林骂道：“你想啥呢？能学就学，不能学赶紧走人。”不管当着多少人的面，师傅说发火就发火。有时工具递错了，他当场就把工具扔出去老远。

每次被骂后，小林晚上回家就琢磨被骂的原因，分析后认为还是因为自己

“溜号”。后来工作时，小林的脑子转得比师傅还快，“下一步师傅要干什么我就等着，配合程度就跟做手术时的大夫和护士一样，他一伸手，我就知道他要什么，慢慢地，他就没有骂我的机会了。”

就这样，小林跟着师傅不断学习研究国内外先进技术，不断提升自己的理论和技术水平。在一次试验中，他遇到一个加垫还是减垫的问题，只要问一下师傅或旁边的同事就能弄明白，可他为了彻底掌握这门技术，硬是自己琢磨了一年。凭着这股“钻”劲儿，小林成长为一个能真正“摸透发动机脾气”的人。

上述案例中，小林无疑是一个聪明的人，他通过拜师很快就了解了自己工作岗位的技能和经验，这比自己单独学习的效率高得多。更重要的是，在这个过程中，师傅教会了他如何高效率地自学，如何在工作中提炼、总结自己的经验。能做到这些，都与他的谦虚、好学分不开。

### 3.1.2 通过外部途径了解岗位

通过外部途径了解岗位，主要指通过网络、书籍等来了解岗位的相关信息。

#### （1）通过网络了解岗位

网络已经成为各行各业各种信息的交汇点，许多人在网络上积极分享自己的知识、经验、观点和思想。新员工可以查找一些与自己工作相关的细分论坛，找到一些有一定工作经验的网友分享的知识和经验进行学习。尤其是一些知识分享网站，如知乎等，往往会有一些业内的资深人士在网站上分享行业“干货”。新员工可以通过学习这些“干货”，直接聆听业内“前辈”的一些看法和经验。

值得警惕的是，由于分享知识、经验的人很多，网络上的信息比较杂，大家并不知道其真实情况，甚至有些信息还有错误和偏差。所以，新员工对在网络上找到的这些信息必须仔细辨别，剔除虚假信息，有时候还需要经过自己的进一步分析、总结，最终得出自己的结论。

#### （2）通过书籍了解岗位

书是人类进步的阶梯，前人的知识、经验往往都浓缩在一本本图书中。员工可以找到一些业内与自己工作岗位相关的图书进行学习。当然，“尽信书，不如无书”，员工还需要在工作实践中验证书中的知识、经验。

# 3.2 了解岗位的内容

## 3.2.1 了解岗位基本信息

员工可采用 6W1H 方法获取自己工作岗位的基本信息。6W1H 是 who、(for) whom、why、what、where、when 和 how 7 个英文单词的首字母缩写，是企业人力资源部门在制定岗位说明书时广泛采用的方法。如果员工能够通过 6W1H 方法对工作岗位有全面、清晰的认识，了解自己的职责所在，判断自己是否能够胜任将要从事的工作，就能为下一步工作做好铺垫。

虽然企业的岗位信息中一般不会包含 6W1H 的各项要素，但员工仍然可以从其岗位职责描述中了解将要从事的主要工作内容，从而对工作岗位作出初步评估，具体如下图所示。

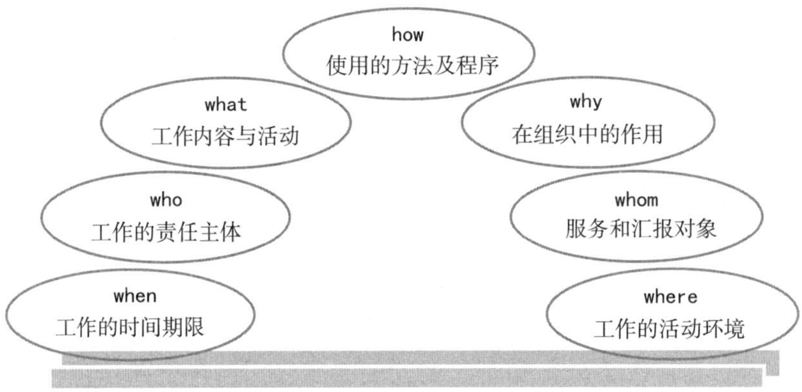


用 6W1H 方法评估工作岗位

## 3.2.2 了解岗位职责和工作任务

通常，企业根据岗位工种确定岗位职责范围，并且根据工种性质确定岗位使用的设备、工器具，规定相应的工作质量和效率，明确岗位环境和确定岗位任职资格，确定各个岗位之间的相互关系，然后根据岗位的性质明确实现岗位目标的责任。

岗位职责描述既对员工提出具体的工作要求，也向员工描述其从事的主要工作内容和所具备的责任权限。

为确保工作质量，尽快熟悉工作岗位，在企业中，新员工可重点从质量管理五大要素中了解岗位职责和工作任务。

（1）人

即本岗位人员应掌握的知识、能力，以及工作态度、工作纪律等。新员工应认真对照，并找出自己与该岗位工作要求的差距，以期在今后的工作中明确努力方向，制订学习计划，尽快适应岗位工作需要。

（2）机

即本岗位工作中需要使用的设备、工器具等。新员工要认识这些设备、工器具，并认真学习操作规程、维护保养方法等，尤其要注意掌握设备、工器具使用的安全须知，避免在今后工作中发生安全事故，给个人和企业造成损失。

（3）料

合格的原料才可能生产出合格的产品。新员工对今后工作中使用的原料、材料要进行了解，尤其是对物料的质量标准、标识方式、质量验收方法、存放注意事项等要有清晰的认知。

（4）法

即方法，就是具体的岗位作业指导书、操作规程、工艺标准等。岗位作业指导书的具体内容包括岗位工作正确的操作要求、操作步骤、注意事项等。通常，企业对各个岗位都制定了岗位操作规程。新员工在上岗之前一定要详细阅读本岗位的操作规程，在导师的指导下了解岗位的操作要求、操作步骤和注意事项，争取早日熟悉岗位工作。

（5）环

即环境。新员工必须尽早熟悉自己的岗位工作环境，如工作场所的设备设施位置，现场的卫生、安全要求，工具等物品的摆放要求等，还要特别留心现场的安全警示标志，水闸、电闸、消火栓等的位置。

### 3.2.3 了解岗位工作关系

岗位工作关系主要指各岗位在企业内外部的沟通关系。在企业内部要明确本岗位与企业内其他岗位，如上级、平级之间的沟通关系。在企业外部要明确本岗位与社会上其他单位，如相关政府部门、上下游或关联企业、客户企业、社会团体、学术单位等之间的沟通关系。员工对自己岗位的工作关系务必清楚、明了，以备后续工作沟通。

### 3.2.4 了解岗位衡量标准

岗位衡量标准是企业制定的各项岗位工作职责应该达到的要求，是衡量工作是否实现一定的组织职能或完成工作使命的评价工具。通常，企业针对某项职责的考核内容有 2~3 项，而且都是一些容易量化的指标，例如，完成的工作量、要求完成的时间等。员工要十分熟悉自己的岗位衡量标准，牢记在心，以免出现不能达标的情况。

### 3.2.5 了解岗位发展潜力

员工应该了解自己工作岗位的发展潜力，包括薪资福利、晋升空间、与个人职业生涯规划的吻合程度、该岗位人才稀缺程度、该岗位在公司的重要程度、对个人能力素质的提高程度、自我价值的体现程度等。

根据个人在组织中的职业发展道路，可从纵向及横向两个维度评价个人岗位在组织中的职能变动与职级变动。下图给出简单图示，便于员工认识个人岗位职能及职级的发展潜力。

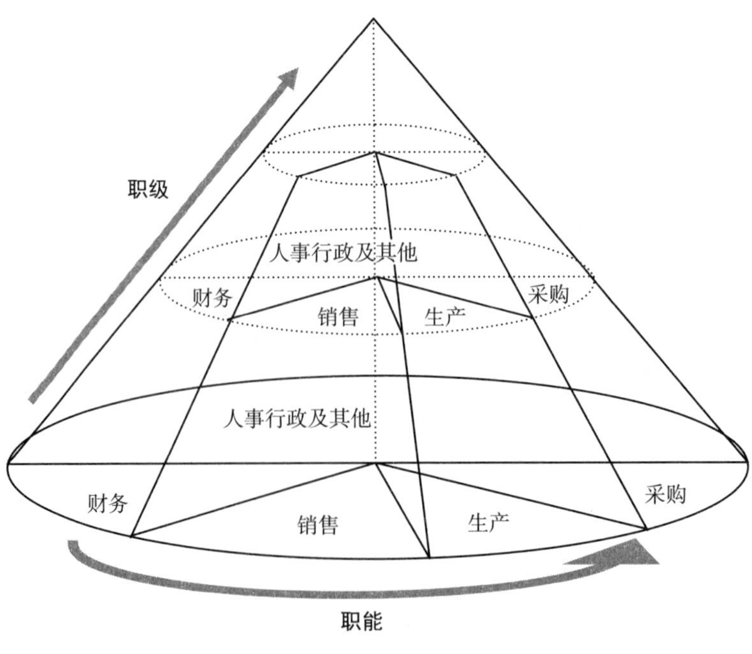

从横向来看，个人可以在同一级别从事不同职能的岗位。在评估工作岗位的横向发展潜力时，要看该岗位的专业性是否很强。相对而言，财务岗位具有比较强的专业性，所以，从事财务工作的人员向人事行政岗位转换比较容易，反之则比较困难。

从纵向来看，岗位可以晋升至不同的级别，一般要按照专员→主管→经理→总监的道路由基层向中高层发展。员工要对岗位的晋升道路有清晰的认识，以便更好地规划个人职业生涯。

## 即学即用

1. 认真阅读岗位说明书等企业文件，并完成以下练习。

（1）你的岗位名称是什么？

______________________________

（2）你的直接上级是谁？

______________________________

（3）简述你的岗位职责。

______________________________

______________________________

______________________________

______________________________

2. 通过学习和现场观摩，完成以下练习。

（1）你的工作岗位需要使用哪些设备、工器具等？使用这些设备、工器具的安全注意事项有哪些？

______________________________

______________________________

______________________________

______________________________

（2）询问自己的师傅，他（她）认为你的工作岗位最重要的工作须知有哪些。

# 第4章

# 正确认识工作

## 4.1 正确认识工作的现实意义

### 4.1.1 实现个人价值

人生最终的价值在于觉醒和思考的能力，而不只在于生存。（亚里士多德）

你若要喜爱你自己的价值，你就得给世界创造价值。（歌德）

至于我，生来就为公众利益而劳动，从来不想去表明自己的功绩，唯一的慰藉，就是希望在我们蜂巢里，能够看到我自己的一滴蜜。（克雷洛夫）

新员工在工作中，实现的个人价值可以分为生存、发展和满足三个层面。

**（1）生存**

不管你想达成什么伟大的目标，或是想做出怎样的惊天成绩，首先得满足一个条件，那就是生存。人生在世需要工作，工作是立于人世必需的、最基本的生存需求，它能帮助你解决个人温饱，养家糊口，进行社会交往。只有通过工作获得相应的报酬，才能使一切成为可能。

**（2）发展**

工作使自己得以发展。在工作中，你能够施展自己的才华，运用自己寒窗苦读得来的知识，逐渐积累自己的应变能力、决断能力、适应能力、协调能力、处事能力等；在工作中，你能一点一滴地积累经验，增长技能，培养和锻炼能使自己受益终身的本领，最终达到充实自己、提升自我的目的。

（3）满足

美国著名心理学家马斯洛提出的需求层次论指出，获得他人的尊重、充分发挥能力和实现自我等精神层面的满足，才是人类最高层次的需要。那么，从哪儿可以获得这种满足呢？只有工作。人生需要一个展示自我、实现自我的舞台，而工作就是这样的舞台。在这个舞台上，你能够在充分品味工作乐趣、充分享受工作带来的荣誉、充分体味人生价值和意义的同时，赢得他人的认可，收获社会的尊重。

### 4.1.2　促进企业发展

企业发展和员工个人成长之间是一种相互依存的关系，企业不发展，就没办法给员工提供良好的发展环境，员工个人成长也就难以实现。

对企业而言，每位员工的工作都促进了企业的整体发展，企业的发展源于每位员工的劳动和创造。员工在工作中实现个人价值的过程就是企业蓬勃发展的过程，二者相辅相成、相互推动、共同发展。企业是员工施展个人才华、实现个人价值的舞台。企业越发展，员工个人价值体现得就越充分；如果失去企业这个大舞台，员工自我价值的实现便会成为空谈。

作为企业的新员工，你一定要做好职业定位，认真完成岗前训练，掌握岗位技能，靠个人的学习和进步赢得自己的不断成长。新员工要认识到，只有努力工作，把施展个人才华、自我成长、实现个人价值的方向与企业发展的方向同步起来，才可能创造精彩美好的人生。

### 4.1.3　工作中要遵循的价值观

做学生时，我们希望遇到有师德的老师；生病时，我们希望遇到有医德的医生；发生纠纷时，我们希望遇到有道德、有底线的警察和法官；装修房子时，我们希望遇到有职业道德的装修工人，不要用劣质材料；去餐馆吃饭时，我们希望老板不要用地沟油……在日常生活中，我们希望自己遇到的人都能有正确的职业价值观。

那么，当我们自己成为企业员工时，如何才能拥有正确的职业价值观呢？其实很简单，学会换位思考就可以做到。如果你是这家企业的负责人或是客户，你希望遇到有怎样的职业价值观的员工，然后按这个要求约束自己，让自己成为一个有职业价值观的人。

职业价值观一般包括四个方面，即爱岗敬业、诚实守信、办事公道、奉献社会。

### （1）爱岗敬业

爱岗就是热爱自己的岗位，敬业就是用恭敬严肃的态度对待自己的工作。爱岗是敬业的基石，敬业是爱岗的升华，两者互为前提、相互支持、相辅相成。爱岗敬业是服务社会、贡献力量的重要途径，是各行各业生存的根本，能促进良好社会风气的形成。

新员工在爱岗敬业方面要做到：

1）树立理想，干一行爱一行。

2）强化责任，充分履职，认真负责。

3）提高技能，爱一行钻一行。

4）树立积极的工作心态，乐业、勤业、精业。

5）具备良好的职业素质，以成为行业大匠和工程师为目标。

### （2）诚实守信

诚实就是忠诚老实，不说谎，不作假，不欺骗别人；守信就是讲信用，讲信誉，信守承诺，答应了别人的事一定要做到。诚实守信是为人之本、从业之要。待人接物真诚守信，这不仅会让同事感觉到你值得深交，也会给自己的工作带来方便。交往中失信于人，就会产生信任危机。

新员工在诚实守信方面要做到：

1）一诺千金，努力兑现诺言。

2）对人守信，对事负责。

3）尊重事实，坚持实事求是。

4）工作认真，讲究质量。

5）自觉遵守法律法规和企业的规章制度。

6）处理好诚实与隐私的关系，不要盲目泄露个人隐私。

### （3）办事公道

办事公道是指员工要站在公正的立场上，按照同一标准和同一原则办事情、处理问题。办事公道有助于社会文明程度的提高，是市场经济良性运行的有效保证。员工办事如果不公道，就会给别人留下不好的印象，影响与同事之间的关系，会扰乱企业的正常秩序，影响自己甚至企业的形象。

新员工在办事公道方面要做到：

1）客观公正。

2）照章办事。

3）尊重事实，坚持实事求是。

4）克服私心，正直无私，坚持原则。

### （4）奉献社会

奉献社会是指员工要全心全意为社会做贡献，这是为人民服务精神的最高表现。员工没有奉献精神，就没有奋斗目标，工作就没有积极性、主动性、创造性。

新员工在奉献社会方面要做到：

1）增强道德素质，做文明模范。

2）乐于助人，团结同事。

3）努力工作，增强业务能力，提高工作效率。

## 4.2　努力做企业需要的员工

**【案例】**

A 对 B 说：“我要离开这家企业。我恨这家企业！”

B 推荐道：“我举双手赞成你！这种破企业，必须给它点儿颜色看看。但是，你此刻离开，还不是最好的时机。”

A 问："为什么？"

B 说："如果你此刻走，企业的损失并不大。你应该趁着在企业工作的机会，拼命为自己拉一些客户，成为企业中独当一面的人物，然后带着这些客户突然离开，这样一来，企业就会受到重大打击，损失惨重。"

A 觉得 B 的话十分在理，于是努力工作，事遂所愿，半年后，他积累了许多客户资源。

再见面时，B 问 A："时机到了，要离开就赶快行动哦！"

A 淡然笑道："老总跟我长谈过了，准备升我做总经理助理，我暂时没有离开的打算了。"

其实这正是 B 的初衷。一个人永远是在为自己的"简历"而工作。当付出大于所得时，老板会看到你的潜力，会给你更多的机会创造更多的价值。

就业是一个双向选择的过程，求职者根据自己的职业需要选择合适的岗位，企业也会基于自身的价值观、岗位设置等因素选聘员工。为了促进自己的职业发展，得到企业的认可，新员工需要从以下三个方面进行努力。

### 4.2.1 持续学习

社会每时每刻都在前进，周围的环境在不断变化，不管你在什么样的岗位，不管你有多么辉煌的过去，如果你一直沉溺在对昔日以及现在表现的自满当中，不能虚心地向同事、同行、客户等学习，一味地"吃老本"，最后就会难以跟上时代的步伐，被职场淘汰。

只有以空杯心态持续地学习、进取，不断进步，才能快速适应市场和企业发展的需要。时代不断变化，社会不断发展，技术不断进步，没有永远稳定的工作，只有持续学习，时时"充电"，时刻做好准备，才能在"潮水"真正到来的时候拥抱它，而不是被"溺亡"！

### 4.2.2 工作具有前瞻性

"凡事豫（预）则立，不豫（预）则废"说的就是工作要有前瞻性。现代企业中竞争激烈，每位员工都想成为企业中的佼佼者，而事实上，只有那些具有前瞻性工作思维的员工才能从中脱颖而出。

就工作的方式而言，员工通常分为两种：一种员工接到工作后，不管三七二十一，蒙头就做，或者简单计划一下就行动，然而做了一段时间后他们发现，要么是此路不通，最终放弃，白白浪费了时间；要么会出现这个没想到、那个没想到的情况，不得不返工，造成窝工。另一种员工在领到工作任务后，不惜花较多的时间和精力做整体筹划和部署，筹划好后才去做下一步工作。虽然事先的筹划和部署会耽误一些时间，但是磨刀不误砍柴工，准备工作做足了，考虑得周全了，后面的工作就会非常顺利畅达，最终优质而高效地完成工作任务。

《朱子家训》中说道："宜未雨而绸缪，毋临渴而掘井。"意思是，凡事要预先做准备，在下雨之前就要修补好房子；不要临时抱佛脚，感到口渴了才去掘井。做事情要具备长远眼光，能够想到还没有发生但是有可能发生的事情，从而做出计划和预防措施。那么，作为现代企业员工，如何才能做到工作具有前瞻性呢？归纳起来，主要有以下四点：

1）确定自己的工作目标和任务是什么。

2）从整体出发，列出关键环节。

3）分析关键环节的影响因素，把后期有可能发生的不利因素统统列出来。

4）做重点计划和安排。

### 4.2.3 勇于担当

每个岗位的工作都承担着一份责任，从事这项工作就应该担负起这份责任。很多人常埋怨领导没有给自己机会，也总问别人机会在哪里，其实很多时候，责任就是机会，一个人担负的责任越大，可能获得的成功就越大，得到的回报就越多。所以，当责任来临时，不应畏惧，而应勇于担当。

那么，员工如何才能做到勇于担当呢？归纳起来，主要有以下四点：

1）主动承担责任，不推诿扯皮。

2）努力工作，做好自己分内的事情。

3）直面困难、战胜困难，而不是逃避困难。

4）不做旁观者，主动为他人、团队解决问题。

## 即学即用

1. 结合自己在新工作环境中的体会与感受，谈谈你对工作意义的理解。

2. 结合所在企业要求，谈谈你认为如何才能成为一名企业需要的优秀员工。

3. 结合自己在新工作环境中的体验和感悟，谈谈如何做到诚实守信。

# 第 5 章 职业健康与安全生产

## 5.1 职 业 健 康

职业健康的定义有很多种，这里引用的是 1950 年由国际劳工组织和世界卫生组织的联合职业委员会给出的定义：职业健康应以促进并维持各行业职工的生理、心理及社交处在最好状态为目的，防止职工的健康受工作环境影响，保护职工不受健康危害因素伤害，并将职工安排在适合他们生理和心理的工作环境中。

### 5.1.1 生理健康

**【案例】**

小郭是某企业的一名一线员工，工作中要与各种机器打交道，而且需要频繁进行弯腰、下蹲作业。最近她有了身孕，怕频繁的弯腰、下蹲会对胎儿不利，于是向单位申请暂时调换一个岗位。

在这个案例中，你认为小郭的申请合理吗？根据《女职工劳动保护特别规定》附录第三条规定，需要频繁弯腰、攀高、下蹲的作业属于女职工在孕期禁忌从事的劳动范围，所以案例中小郭提出临时调换岗位的申请是合理的。

企业为保证员工的职业健康，通常会根据员工的实际工作情况采取如下举措：

1）为劳动者创造符合国家职业卫生标准和卫生要求的工作环境和条件，提供符合国家职业卫生标准的防护用品等。

2）定期组织对从事接触职业病危害作业的员工进行职业健康检查，并将检查结果书面告知员工。

3）对从事高温、有毒有害作业的员工发放保健津贴。

4）特种作业人员必须持证上岗。

5）根据有关法律法规规定，加强对女员工的劳动保护，采取措施改善女员工劳动安全卫生条件，不在女员工禁忌从事的劳动范围内安排女员工工作，对处于特殊时期的女员工作特殊工作安排等。

### 5.1.2 心理健康

员工保持心理健康，持续以一种积极、主动、乐观的心理状态投入工作，不仅能使其工作能力和工作效果得到显著提高，也有助于形成更加和谐的人际关系。一般来说，心理健康标准包括：认识自我，接纳自我（自我意识）；自我学习，独立生活（生活和学习能力）；情绪稳定，有安全感（情绪健康）；人际关系和谐良好（人际关系）；角色功能协调统一（角色功能）；适应环境，应对挫折（环境适应）。

员工尤其是新员工应该加强对自己生理、心理特点的认识，积极进行自我心理保健，保持乐观开朗的精神状态，多参加一些兴趣活动，适当放松自己，促进自己的心理健康。要记住，学会工作，学会生活，需要一个好的心态，心态有时决定着工作和生活的成败。“我改变不了天气，但我可以改变心情；我改变不了事实，但我可以改变心态；我改变不了过去，但我可以改变现在；我改变不了他人，但我可以掌握自己；我不能预知明天，但我可以把握今天。”保持好的心态，积极拥抱丰富的职业生活，才能打造出成功的职业生涯。

#### （1）压力调节

1）认识压力。

**【案例】**

非洲大草原上有这样两种动物，它们都跻身地球上奔跑最快的动物行列，一种是食草的羚羊，另一种是猎豹。曙光刚刚划破夜空，羚羊就会猛然从睡梦中惊醒，它想到的第一件事就是赶快跑，因为如果慢了，就可能被猎豹吃掉！于是，羚羊一到早上就会向着太阳飞奔。而就在羚羊醒来的同时，猎豹也惊醒了。猎豹想到的第一件事也是赶快跑，因为如果慢了，就可能因抓不住食物而被活活饿死！于是，猎豹一到早上也会向着太阳飞奔。这两种动物，谁奔跑得快，谁就能赢得机会。如果羚羊快，猎豹就会被饿死；如果猎豹快，羚羊就会被吃掉。

新员工刚刚走出校门走进企业，正处在过渡的关键期，从一个高度依赖家庭的个体发展成一个独立的个体，充满着对美好未来的遐想和憧憬，也会感受到或即将感受到巨大的压力。概括来说，新员工的压力主要来自以下方面：

①对未来的恐惧、迷茫。不知道自己能干什么，对眼前的工作不满意，幻想心中理想的工作在向自己招手……

②工作压力。适应不了工作环境，繁重的工作让自己疲惫不堪，工作出错被责备产生自责，一起进企业的同事技术更熟练、工作效率更高……

③人际关系压力。自己不善言谈，身边的同事有的自私，有的小气，有的甚至讽刺、嘲笑、排挤自己……

④生活压力。工资不够用，交房租、水电费，孝敬父母，亲朋好友间礼节来往，处处需要钱。

2）正确对待压力。

在巨大的压力面前，你会怎样对待？选择逃避，还是勇敢面对？

①对未来产生恐惧、迷茫时，消极的人不会通过认真努力工作来解决，而会陷入不自信的情绪中，在这种消极情绪没有得到很好的疏导时，内心就会对工作产生抗拒，从而进一步加大压力；而积极的人则能够直面恐惧、迷茫，认真努力工作，尽快融入工作环境，走出压力，在不断建立的职业自信中实现自己的职业发展。

②消极的人会因为不适应工作压力而从内心抗拒工作，不会全力投入，技能不熟，业务不精，工作中屡遇挫折，越遇挫折压力越大，压力越大越遇挫折，形成恶性循环；而积极的人则会变压力为动力，努力掌握技能，精炼业务，越干越自信，越自信工作得越好，形成良性循环。

③面对人际关系压力，消极的人会选择远离人群，因为企业中的工作往往需要团队合作，一旦离开了同事，工作很容易陷入困境；而积极的人则会欣赏同事，主动融入团队，尽快找到自己的位置，实现自己的团队价值。当认可团队的价值

观和行为模式、欣赏身边的同事时，与同事建立一种良好的关系便是一件水到渠成的事情。

④面对生活压力，消极的人会逐渐沉默不语、冷漠寡情、暴躁易怒，工作生活一团糟；积极的人则会主动迎接挑战，把它变成生活中的动力，努力战胜压力，让自己变得更优秀。

压力是我们的财富。我们要积极面对那些可以调节的正常压力，处理好工作和人际关系，不再迷茫，笑迎生活；对于那些暂时难以调节的非正常压力，一定要及时寻求合理的处理方式，以免给自己造成负面影响。

**（2）情绪管理**

面对工作压力和工作困扰，新员工要学会控制自己的情绪，尽量把自己的情绪控制在冷静和稳定的状态。常见的情绪管理方法有以下几种：

1）转移注意力。产生消极情绪时，要学会分散自己的注意力，转移自己的关注点，这样才能够让情绪得到很好的缓解。

2）适度宣泄。过分压抑不良情绪会加重自己的情绪困扰，通过适当的方式将自己压抑的不良情绪宣泄释放出来，可以使紧张的情绪得到缓解，使自己变得轻松一些。运动、向他人倾诉等都有助于调节自己的不良情绪。

3）自我安慰。遇到挫折、情绪低落时，可以找到一种合乎内心需要的理由来安慰自己，帮助自己摆脱烦恼，缓解矛盾冲突，消除焦虑、抑郁和失望，达到自我激励的目的，从而保持情绪的安宁和稳定。

4）多交朋友。积极融入工作群体中，在融洽的同事关系中得到乐趣。

## 5.2 环境保护

**【案例】**

某企业在高浓度废水处理系统未运行的情况下，多次利用暗管违法排放；人为篡改在线监测仪器数据，逃避环保部门监管，致使废水处理系统长期超标排放污水，大量废水、污泥、危险废物被排放到长江，经鉴定评估，生态环境损害数额达数亿元。

该企业因犯污染环境罪被判处罚金 5 000 万元。企业部门经理、班长、主管、普通员工等人员因组织、参与实施偷排废水、污泥、危险废物等犯污染环境罪，分别被判处 1 ～ 6 年有期徒刑，并处以 5 万～ 200 万元罚金。

在企业生产经营活动中，员工经常接触到各类危险废物，为防止环境污染，保证企业健康、持续高效发展和员工健康，员工要高度关注环境问题，按照国家、企业的相关规定做好工作环境保护；对企业的各类环境污染治理设备、设施，要注意运行和维护。

我国自 2021 年 1 月 1 日起施行的《国家危险废物名录（2021 年版）》共收录了 467 种危险废物，在附录中，新增豁免了 16 个种类危险废物，豁免的危险废物共计达到 32 个种类。企业员工尤其是可能产生危险废物行业的企业员工须准确了解危险废物种类，增强环境保护意识，自觉按规定做好危险废物的处置工作。

国家鼓励任何单位及个人对环保违法现象进行举报。对有效制止环境污染事故的行为，安全环保部门一般会视情节向举报人给予物质奖励。如遇以下情况，任何单位及个人都可以举报：

- 环保治理实施未与建设项目同步建设、同时使用的。
- 治理设施未按规定使用，造成排放超标的。
- 未经许可，擅自拆除治理设备设施的。
- 危险废物未按规定，私排乱倒的。
- 发包项目出现环境污染事故的。

## 5.3 安全生产



**【案例】**

某生产制造企业车工蒯某操作 C260 车床加工曲柄轴，在未停机的情况下，用半圆锉修整毛刺。修整中因右手戴的帆布手套口被旋转的工件毛刺挂住，右手腕部被旋转的工件铰、缠，致右手腕当即被铰断。

这是一起典型的安全生产事故，事故教训令人警醒、发人深思。事故的直接原因是操作者严重违反安全规定戴手套操作。此外，在未停机情况下修整加工工件的毛刺，虽能省时省力，但存在较大安全隐患。

安全是员工的生命线，员工是安全的负责人。无论是企业的老员工还是新员工，都应该懂得安全生产的知识和要求，时刻绷紧安全弦，确保安全生产，守住安全底线，不能有一丝一毫的懈怠。

### 5.3.1 影响安全生产的主要行为

生产作业人员应避免以下影响安全生产的行为：生产前未仔细检查所用的设施设备和工器具等，未确认无故障就执行操作；工作时精神不集中；两人以上一起工作时，没有主次分工和互相配合，任意行动，造成事故由引起一方负责；未正确使用劳动防护用品，未做到爱护安全防护装置，未坚持持证上岗，擅自启动他人设备；发生事故后，未立即向上级报告，未保护现场，未向事故调查人员如实介绍情况，瞒报、迟报；没有及时举报有关安全生产的隐患和问题；未按照所在岗位劳动防护用品规定，正确穿着企业统一的工作服、防护鞋等防护用品就从事生产作业。

非生产作业人员进入生产现场，也应遵守有关安全规定，如不得穿着高跟鞋、凉鞋、拖鞋进入生产现场，进入作业区域须佩戴安全帽、护目镜等安全防护用品，进入特殊生产现场要执行特殊现场着装等。

### 5.3.2 影响安全生产的后果

**【案例】**

在某厂燃料车间，王某、李某、夏某3人试验抓斗卷筒终端开关。李某操作，夏某联系，王某进入小车机械室后倚门脚踩安全开关连杆解除闭锁保护，强行接通电源。小车移动时王某的头被门框与大车主梁立柱所夹，最终因头颅严重损伤身亡。

根据有关规定，各式运煤、卸煤机械操作室的门窗应保持完好，窗户应加装防护栏杆，门应加装闭锁，以防运行中操作人员探头瞭望或走出操作室。在该案例中，小车机械室小门上原装有安全开关，当门关闭时，小车操作电源被接通；当门打开时，小车操作电源断开。而王某用脚踩安全开关连杆，人为解除了闭锁保护，最终引发悲剧。而且，李某没有将提斗前必须开动小车的情况告知王某、夏某，夏某人在小车机械室却未纠正王某违规操作，也都应承担相应的责任。

员工在生产劳动中如果不遵守安全生产规定，后果是十分危险也十分严重的。

首先，会造成国家、企业、个人生命财产的损失，损失的范围是不可估量的，且损害的是劳动者的基本权利。其次，会给受害者本人及家庭造成重大损害，甚至会导致员工伤亡、家庭崩塌等。最后，还会给经济社会发展造成恶劣影响，影响社会稳定，更会给企业和国家经济可持续发展造成干扰。

## 5.4 治安消防

### 5.4.1 治安保卫

在维护企业的生产生活秩序，保护企业公共财产安全和员工生命财产安全，杜绝各类案件和事故的发生中，治安保卫工作起着重要作用。治安保卫通常包括以下内容，具体以各企业要求为准。

1）人员出入企业管理。如企业员工通常需要凭员工证进入企业；外来人员需经接待单位允许后，凭介绍信、工作证或身份证填写会客单后方可进入企业；参观、会客由专门部门统一负责等。

2）进出车辆管理。如所有车辆进出企业时必须停车接受门卫检查，货运机动车要走物流门等。

3）物资出入管理。大多数企业尤其是生产企业对物资的出入管理是有严格流程和规定的。有的企业会出台《物资、物品进出厂管理规定》等，要求携带物资、物品出企业的车辆和人员主动接受、配合门卫检查。

4）其他必要的治安保卫内容。如处理纠纷、劝阻携带宠物进入企业行为等。

每位员工都应该遵守所在企业治安保卫方面的规定，积极配合，共同维护企业和自身的安全。

## 5.4.2 消防安全

大火无情，消防安全不能放松警惕，一不留神，后果就会不堪设想。

消防安全管理是企业最大效益，只有实现消防安全才能确保企业的稳定秩序。安全是企业生产的前提，一家存在安全隐患的企业，是不会有稳定发展的。企业每位员工都应该自觉做到：

1）坚决遵守各项消防制度和安全操作规程，熟知本岗位消防常识和自救逃生知识。

2）树立消防安全意识，随时排除火灾隐患。

3）维护消防安全，保护消防设施。

4）会报火警，会使用相应消防器材。

5）及时劝阻他人违章作业。

## 5.4.3 交通安全

交通安全关系每个人的生命财产安全，每个人都要遵守。

在企业安全生产管理中，内部交通安全管理是一项非常重要的内容。企业内各种车辆以及叉车、拖车、平板车和保洁车等机动车驾驶员均应做到：

1）遵守并经常学习国家交通法规和企业内部交通管理规定。

2）时刻保持安全意识，守法驾驶。

3）养成良好的生活习惯，保持最佳的身体和精神状态，不疲劳驾驶、不违章驾驶、不超载驾驶。

4）坚持预防为主，不开冒险车。

5）保持车况良好，经常检查车辆运载情况，发现问题及时解决。

## 即学即用

1. 结合自己的体会，谈谈如何在新的工作环境中做好自我心理调节。

2. 为保障企业安全生产，你所在企业禁止哪些行为？

3. 你所在企业在环境保护方面有哪些具体要求？

# 第6章

# 行为规范

## 6.1 日常行为指引

### 6.1.1 仪表规范

**【案例】**

李丽是企业财税专家，有着很好的学历背景，工作表现一直很出色。但当她为客户提供服务时，对方主管却不太重视她的建议。李丽一直找不到原因，很苦恼，一天，一位行业内的前辈语重心长地指出了李丽在着装方面的问题：她35岁，身高157厘米，体重49公斤，喜爱着童装，看起来机敏可爱，像个二十岁出头的小女孩，所以客户对于她提出的建议缺少信任感，导致她的很多创意难以实现。这位前辈建议她调整一下自己的着装风格，突出专家学者的气势，用深色的套装、对比色的上衣、镶边帽子来搭配，必要时还可以戴上一副黑边眼镜。李丽听从了前辈的建议，转变了着装风格，结果，客户的态度真的有了较大转变。没过多久，李丽凭借出色的业绩、负责的态度、庄重的形象成为企业董事之一。

仪表包括员工着装、配饰、形体、姿态、举止、风貌及整体感觉等。新员工要想顺利地进入企业，融入工作团队，与他人和谐相处，塑造自己的良好职业形象，掌握仪表等方面的知识和技巧是非常必要的。员工仪表应坚持以下原则和要求：

1）时间原则：指的是着装一天中的变化、季节变化以及时代性。

2）地点原则：不同地点的着装有不同的要求。例如，在企业车间工作应穿工作服，而去其他企业或单位拜访，则穿职业套装会显得专业。

3）整洁平整：着装不宜追求高档华贵，但须保持清洁，穿起来大方得体，显得精神焕发。整洁是保持良好仪态的第一要务。

4）色彩技巧：不同色彩会给人不同的感受，如深色或冷色调的服装会让人产生视觉上的收缩感，显得庄重严肃；而浅色或暖色调的服装则会让人产生视觉上的扩张感，显得轻松活泼。员工可以根据自己的职业需要进行选择和搭配。

5）配套齐全：除主体服装外，鞋、袜、手套等的搭配也应有所考究。如袜子以透明近似肤色或与服装颜色协调为好；带有大花纹的袜子难登大雅之堂；正式、庄重的场合不宜穿凉鞋或靴子；女士巧妙佩戴饰品能够起到画龙点睛的作用，给自己的仪表增添色彩。

总之，着装要因人、因时、因地进行搭配，不能刻意模仿，得体、大方、稳重、能够体现职业特色即可。

### 6.1.2 礼仪规范

**【案例】**

某企业销售人员张勇乘火车到外省某企业洽谈一笔生意。火车上人很多，张勇因为太累了，所以上车后不久就歪在座位上睡了起来，腿伸到了过道，不一会儿头就靠在了旁边一位女士的肩上，这位女士很不好意思地不断移开自己的身体，可张勇的头又靠在了旁边另一位女士的身上。看着张勇熟睡的样子，听着他发出的呼噜声，大家觉得很好笑，也很无奈。

张勇睡醒后，又打开手机旁若无人地听起了音乐，嘴里还跟着音乐哼哼，声音很大。很多人都皱起了眉头，厌烦不已。

从某种意义上说，礼仪能够体现一个人的素养，职业人拥有丰富的礼仪知识，能够根据不同的场合应用不同的交际技巧，往往会令事业如鱼得水。如果我们能够自觉主动地遵守礼仪规范，按照礼仪规范约束自己，就容易使人际间感情得以沟通，建立起相互尊重、彼此信任、友好合作的关系，进而促进个人的成长和职业发展。

有关职场礼仪大致可分为以下几个方面。

### （1）称呼礼仪

人际交往，礼貌当先；与人交谈，称呼当先。正确地称呼他人，能使交往对象感到被尊重和信任。得体、恰当的称呼不仅反映自身的文化素质和对交往对象的尊重，甚至还会影响双方关系的发展程度。一般来说，称呼对方要注意以下两点：

1）要符合身份。清楚对方身份时，既可以对方的职务相称，如某主任、某工长，也可以对方的身份相称，如某某老师、某某师傅；不清楚对方身份时，则可采用性别和姓氏称呼，如“某先生”“某女士”。

2）要符合年龄。称呼年长者时，务必要恭敬，不应直呼其名，也不可直呼“老张”“老王”等，可以将“老”字与其姓颠倒，如“张老”“王老”或“王老先生”“张老先生”等。对于同辈人，可称呼其姓名，有时甚至可以去姓称名，但要态度诚恳、表情自然，体现出真诚。称呼年轻人时，可在其姓前加“小”字，如“小张”“小李”，或直呼其姓名，但要注意谦和、慈爱，表达出对年轻人的喜爱和关心。

### （2）接待礼仪

1）同事或客人到来时，应马上放下手中的工作，起立问候致意。

2）与同事或客人交谈时，应友好地注视对方的眼睛，并保持真诚的微笑。

3）待客应服务周到，如有事不能陪同，要向客人道歉并安排他人陪同。

4）客人离开时，应送到车间或办公室外。

接待客人时还要注意行进中的位次：①一般应让客人在前面行进，并排行进时，职务高者走在中央，其次是内侧，再次是外侧。②出入房门时应让客人先入先出，就座时应让客人先坐先起。乘坐平面移动电梯与上下行滚动式电梯时，要单行右站，客人在前，如有女士，则女士在后。③乘坐升降式电梯时，如有多人，陪同人员要先入后出；如只有两人，应让客人先进。

### （3）电话礼仪

电话礼仪也被称为现代礼仪的基础示范，值得学习。

1）迅速准确地接听电话。有的企业要求在电话铃响3声内接听并致以问候，如电话铃响超过3声，接起电话后要先致歉。

2）重要的第一句话。接起电话后，第一句话要清晰、亲切、悦耳，使用礼貌用语，如“您好”，同时自报部门或岗位名称。

3）控制讲话声调。声音不要太大或太小。

4）认真做好记录。倾听对方的电话事由并记录，必要时可进行解答。

5）挂电话时，应等对方放下电话后再挂断。如遇对方说起来没完没了，不宜作“你说完了没有？我还有事呢”等生硬回复，语气应委婉、含蓄，不要让对方难堪，如“好吧，我不再占用您的宝贵时间了”等。

手机通话礼仪与电话礼仪有共同之处，但还应注意：不要使用个性铃声，上班时间不频繁发送短信息；在办公室或车间最好将手机调到振动状态；会议中应关闭手机或将手机调到静音状态；会议中尽量不要接听电话，如有重要的事情，应到会议室外接听，如必须当场接听，则要小声提醒对方“在开会，不好意思”，然后本着只听不讲原则，或尽可能简短应答，如“是、不是”“好、不好”等，并在短时间内结束通话。

### 6.1.3 差旅规范

企业员工出差，不管进行任何内容的业务活动，均为企业外派的工作人员，其行为均涉及企业形象和企业利益。所以，员工出差时，必须自觉遵守以下行为规范：

1）严格遵守企业差旅管理制度。

2）不得以任何借口进行公费旅游。

3）不得做出任何违反国家法律法规和企业规定的行为，以及有碍道德规范的事情。

4）按照企业要求进行业务活动，不得有任何损害企业利益的行为。

### 6.1.4 有效沟通

沟通是职场中必备且十分重要的能力，有效沟通是人际关系和谐的重要因素。

很多问题的解决都是建立在有效沟通基础之上的。

日常工作和生活中，有些人的大部分沟通往往都是无效的，因为存在着“沟通漏斗”，即说者心里想表达的和嘴上说的，与听者听到的和听懂的，以及反映在行动上的存在一定的差异。只有有效沟通，才可能达到我们期望的维系关系、解决问题进而促进职业发展的目的。

要想实现有效沟通，应注意把握以下十个原则：

**（1）先听后讲**

听是有效沟通的基础，很多时候，我们只是在听，或者只是在等，而非在说。

沟通时要做到以下几点：

- 尽量不要打断对方和随意插话。
- 清空个人的主观意识和情绪偏好。
- 倾听时要抱有同理心。
- 兼听则明，避免过早妄下结论。
- 准确把握重点事实与证据。
- 边听边思考，理解弦外之音。
- 边听边感受，体会情感信息。
- 善于复述、确认和总结。

**（2）多问少讲**

恰当的提问有助于获得更多的信息，从而掌握沟通的主动权。

例如，“班组最近有什么问题需要我支持吗？”“我们还能为您做好哪些服务？”“如果……，会不会更好？”“还有没有更好的解决方式？”通过提问，我们也可以获取和更加理解沟通中未理解部分的真实含义。

**（3）想好再讲**

要避免嘴比脑快。说话贵在恰当，而恰当的话是要考虑成熟的。只有深思熟虑后再说，才能说到点子上。那么，要把话说得有分量，我们要先想好什么呢？一是立场基调，二是内容结构要点，三是表达风格等。

（4）多对事讲，少对人讲

- 沟通要以事为本，以问题为导向。
- 评价性沟通和描述性沟通，其结果是不同的。
- 避免给人“贴标签”，沟通时要以描述为主。例如，要强调“这是问题所在”“我们如何解决这个问题呢”，而不是“因为你才产生这个问题”“你如何如何，你就是那样的人”等。

如果沟通时不得不进行评价性陈述，则应该结合一些确定的事实、标准、证据或可能的结果陈述，或者与其过去的成功相比较，如“这个行为不如你过去做得好”等。

（5）具体而非笼统地讲

- 沟通表述越具体，内容传递越明确，行动取向越清晰。
- 具体地讲是指不仅要陈述结论，还要提供支持性证据，包括实例、数据等；而笼统地讲则意味着只有结论，没有证据。
- 沟通时尽可能不用极端性陈述或非此即彼式陈述。

（6）分场合讲，不乱讲

作为企业员工，坚持这一条沟通原则是非常关键的。开诚布公，既有利于提高沟通效率，也有利于塑造开明氛围。具体而言，沟通时应该做到：

- “道听而途说，德之弃也”。
- 不传播未经证实的消息。
- 通过正式场合及时澄清小道消息。
- 不背后议论是非，不随意评价他人。
- 于明处讲，于私处不讲。
- 在正式场合或通过正式渠道为他人提出意见。

（7）讲办法不讲借口

- 出现问题时，首先要承认和面对问题，不回避问题。要第一时间找出问题产生的根本原因以便解决问题，而不是第一时间推诿责任。

- 要多分析问题产生的内在原因，少推诿给外部原因。
- 对问题产生的原因进行分析判断时要注意规避基本归因错误（对事情归因时常高估倾向性因素而低估情境性因素）和自我意识的偏见，尤其要避免将成绩归给自己、将责任推给他人。

**（8）负责任地讲，有回应地讲**

要对所做的陈述负责，承认这种思想的来源是本人而非别人或团体。陈述时要注意使用第一人称，如“我”“我们”，多用主动句，少用被动句。

使用第三人称，如“他们说”“许多人认为”等，会让人感觉你在回避对所陈述的内容负责，或者没有足够的信心对所表述的意见承担责任。

**（9）决策前充分听取意见，决策后坚决统一执行**

要充分鼓励他人发表意见，兼听而后决策，而一旦做出决策，就要坚决执行。

**（10）真心诚意是基石，行为垂范是旗帜**

- 保持真心诚意是有效沟通的基石。
- 要实事求是、心口合一，减少“虚”，杜绝“伪”，避免缓和效应。
- 表明事件或问题的真实状态，对事负责，避免好人效应。
- 关注人的能力，对人负责，避免情绪效应，做到“五不”，即高兴时不说大话、生气时不说狠话、烦躁时不说小话、委屈时不说反话、怨嫉时不说风凉话。
- 积累“心理账户”，建立深层信任。

## 6.2 应对利益冲突

### 6.2.1 应对员工与企业之间的利益冲突

一般来说，员工的钱夹子、米袋子、菜篮子都与企业紧密联系在一起，与企业的经济效益紧密联系在一起。厂盛我富，厂衰我穷，员工与企业是一个共同体，利益一致。但是，员工与企业之间因安全卫生环境、工资福利待遇、劳动合同履行等引起利益冲突的情况时有发生，在这种情况下，员工与企业应怎样维权，可以通过什么途径解决问题呢？归纳起来，主要有协商、调解、仲裁、诉讼四种。

**（1）协商**

员工与企业就争议的问题（如工伤待遇等）直接进行协商，寻找解决争议的具体方案。

实践中，员工与企业经协商达成一致而解决争议的情况非常多，效果也很好。但是，协商程序不是解决员工与企业利益冲突的必经程序。换句话说，双方可以协商，也可以不协商，协商完全出于自愿，任何人都不能强迫。

**（2）调解**

产生利益冲突时，员工与企业任意一方可向劳动争议调解委员会申请调解。

调解对于劳动争议的解决能起到很大作用，尤其是对于希望继续留在本单位工作的员工来说，能够通过调解来解决问题，不失为一种理想的选择。与协商程序一样，调解程序也由当事人自愿选择，且调解协议不具有强制执行力，如果一方反悔，同样可以向仲裁机构申请仲裁。

**（3）仲裁**

劳动争议的一方当事人可向劳动争议仲裁委员会申请仲裁处理。

仲裁程序既具有劳动争议调解灵活、快捷的特点，又具有强制执行的效力，是解决劳动争议的重要手段。申请劳动仲裁是解决劳动争议的选择程序之一，也是提起诉讼的前置程序，即如果想提起诉讼，打劳动官司，必须经过仲裁程序，否则人民法院不予受理。

**（4）诉讼**

《中华人民共和国劳动法》规定：“劳动争议当事人对仲裁裁决不服的，可以自收到仲裁裁决书之日起十五日内向人民法院提起诉讼。一方当事人在法定期限内不起诉又不履行仲裁裁决的，另一方当事人可以申请人民法院强制执行。”

诉讼即打官司，诉讼程序由不服劳动争议仲裁委员会裁决的一方当事人向人民法院提起诉讼后启动。诉讼程序具有较强的法律性、程序性，作出的判决也具有强制执行力。

## 6.2.2 应对员工与员工之间的利益冲突

**【案例】**

从前，有两个饥饿的人得到了一位长者的恩赐：一根鱼竿和一篓鲜活硕大的鱼。其中，一个人要了一篓鱼，另一个人要了一根鱼竿，然后他们就分开了。得到鱼的人原地用干柴搭起篝火煮起了鱼，他狼吞虎咽，还没有品出鲜鱼的肉香，就连鱼带汤吃了个精光，不久，他便饿死在空空的鱼篓旁。而另一个人则提着鱼竿继续忍饥挨饿，一步步艰难地向海边走去，可当他看到不远处那片蔚蓝色的大海时，他已经用尽了全身最后一点力气，最终他眼巴巴地带着无尽的遗憾撒手人寰。

又有两个饥饿的人，他们同样得到了长者恩赐的一根鱼竿和一篓鲜鱼。只是他们得到恩赐后并没有各奔东西，而是商定共同去找寻大海，他俩每顿饭只煮一条鱼，经过长途跋涉，终于来到了海边，从此，两人开始了以捕鱼为生的日子。几年后，他们盖起了房子，有了各自的家庭、子女，有了自己建造的渔船，过上了幸福安康的生活。

单木不成林，孤掌不能鸣，合作才会共赢。

新员工步入职场后，必须客观辩证地对待同事关系。员工之间的关系是一种相互搭配、相互合作同时又相互竞争、相互排斥的，既有互助又有冲突的利益关系。员工之间的利益关系主要可以划分为三种，发生利益冲突时需相应地采取不同的解决方法。

### （1）应对合作关系下的利益冲突

当工作任务需要双方合作才能完成时，双方的利益通常不冲突。双方认识到合作能使双方各自利益达到最大化时，就会形成伙伴关系，无论是否喜欢对方，都会互帮互助，因为对方能为自己带来最大的利益。

如果在合作关系下发生冲突，我们就要积极帮助对方，引导对方，甚至更加坦诚地主动理解对方的想法，发现对方的难处，同时分享一些重要的技巧、方法、工具等，以便尽快产出一个双方都认同的最优解决方案，保障双方利益最大化。

### （2）应对竞争关系下的利益冲突

双方工作任务的合作程度比较低，基本工作任务不冲突，但是最终的工作绩效评价会有一些冲突，自己利益最大化时，会妨碍别人利益最大化。这种情况下，双方在工作中互为对手，产生竞争关系。竞争关系下的利益冲突通常是良性的，可以控制的。例如，某部门年终绩效评定，小 A 绩效评价为优，拿到 5 万元年终奖，小 B 绩效评价为良，拿到 4 万元年终奖。小 B 一般不会认定是小 A 把自己应该拿到的 5 万元拿走了并因此记恨小 A，而会认为小 A 确实表现优秀，或者领导对小 A 的工作更加重视，或者评价方案设置不合理，或者自己确实犯了明显错误，等等。

如果在竞争关系下发生冲突，我们应该尊敬对手，学习对手的优点，反省自身的缺点，并且理性看待客观条件、评价方案、领导喜好等，不断激励自己进步，取得更好的成绩。合理、有效应对竞争关系下的利益冲突，其结果是相互促进、能力提升、互有胜负等。

**（3）应对矛盾关系下的利益冲突**

无论工作任务合作程度是高还是低，自己利益最大化都会损害对方的基本利益，或者对方利益最大化会损害自己的基本利益。

这种“职场敌人”现象在企业中难免会遇到，例如，部门或车间内部，小莉经常散布小倩的“八卦”，经常向小倩的上司“打小报告”，经常栽赃抹黑小倩；研发部门将自己的设计缺陷“甩锅”为销售部门的营销问题；“空降”的领导故意排挤某些员工，在部门里搞“小帮派”，等等。

如果在矛盾关系下发生冲突，我们应该摆事实、讲道理，表明态度，团结其他同事，讲究策略，针对不同的情况采取不同的方式、方法，维护好自己的利益。

## 6.3　内控纪律要求

企业通常都建立有统一规范的内部管理制度，用以调节、约束生产经营活动的内控体系，会按照岗位职责分工的不同，对员工进行授权和分配责任，并落实分解目标，企业内部各岗位相互制衡、相互监督。通过内控活动将员工的行为与企业的目标相联系，从而实现企业内部的规范管理。作为企业新员工，更应充分了解企业的内控体系，自觉约束个人行为，维护个人和企业的利益。

## 6.3.1 自觉抵制不正当利益

不正当利益分两种情况：一种是谋取违反法律法规、企业规章制度、合同规定的利益，另一种是要求他人或单位提供违反法律法规、企业规章制度、合同规定的帮助或方便条件。如非法或违反企业规定提议、承诺提供诸如礼物、折扣、馈赠、邀请、贷款、资助、服务或企业资产的使用等都属于不正当利益。

员工谋取不正当利益会给企业带来巨大的负面影响，如会滋生浪费、贪腐、欺诈等行为，给企业造成经济损失，影响企业声誉，降低企业发展速度。

与此同时，视违法违纪程度，员工也会受到企业的经济惩罚、纪律处分等，甚至会被追究民事、刑事责任，给自己的人生带来抹不去的污点。

面对不正当利益，员工要做到：警钟长鸣，防腐拒腐；树立红线意识，知道哪些能做哪些不能做；牢记服务宗旨，甘于奉献，踏实工作；保持良好的工作作风和生活作风。

### （1）不当支付的追回

对于员工不当支付，企业通常会采取以下处理方式：

不当得利的损失人可以要求得利人返还损失，如果协商解决不了，损失人可以向法院起诉。

《中华人民共和国民法典》规定，得利人没有法律根据取得不当利益的，受损失的人可以请求得利人返还取得的利益。受损人在知道不当得利后，在 3 年时间内不主张返还不当得利的，就超过诉讼时效而失效。诉讼时效期间自权利人知道或者应当知道权利受到损害以及义务人之日起计算。

对不当支付的追回流程通常包括对支付记录和款项、物品等进行审查，在考虑成本收益等因素后再决定是否开展追回，并为不当支付的追回设定适当目标等。考虑成本效益因素主要是考虑实施追回行动的难度系数以及能够收回款项或物品的可能性，原则上收回行动的收益应当大于付出的成本。

### （2）不当得利的处理

对于员工不当得利，企业通常会采取以下处理方式：

1）如受益人是善意的，即不知情（在获得利益时不知道没有合法依据），则其返还利益的范围仅限于现有利益，如利益不存在，受益人不承担返还义务。

2）如受益人是恶意的，即受益人知道（在获得利益时明知道没有合法依据），则受益人应当返还其所得的全部利益，即使其利益不存在，也应当负责返还。

3）如受益人在取得利益时是善意的，后来为恶意的，则受益人返还的范围应以恶意开始时的利益范围为准。

### 6.3.2 自觉保护企业资产（包括信息）

企业资产可以分为有形资产和无形资产，信息属于无形资产。资产管理是企业管理的重要内容。包括信息管理在内的企业资产管理，可以使企业更合理地利用现有的生产资源，充分发挥资源的整合效应，提高劳动生产率，缩短生产经营周期，降低生产经营费用，从而提高企业的利润水平。只有企业发展，员工才可能获得更多的收益和更大的发展，因此，为了促进企业发展，员工应自觉爱护企业的资产，增强企业资产管理意识，落实岗位责任制，防止企业资产的损坏和丢失。

那么，员工应如何保护企业资产呢?

1）员工要主动学习对于资产保护（包括信息保护）的国家法律法规和企业相关制度，增强法律意识和纪律意识，合法合规地使用企业财产。员工要明确，保护企业资产也是一种自我保护。

2）员工在未经企业授权的情况下，应自觉对企业资产（包括信息）进行保护和保密，既减少对企业的损害，同时也是在减少自己承担的责任。

3）员工在日常工作中，要注意保存与企业资产（包括信息）相关的工作资料，树立证据意识，防范在企业追究有关事故责任时因证据不足无辜被牵连，受到责任追究。

4）员工如果发生了有损企业资产（包括信息）的行为，需要及时向自己的主管领导报告，争取及时挽回损失，切忌隐瞒，造成损失扩大。

### 6.3.3 自觉为企业内控管理做贡献

**【案例】**

某中型企业连续 3 年销售业绩直线下滑，从年销售额 4 300 万元到破产倒闭。

从鼎盛到衰败，探究其原因，虽然不排除有市场同类产品的价格下降、原材料价格上涨等客观条件的变化，但内部管理的混乱才是将它推向破产的根本原因。税务部门在检查中发现，该企业产品成本费用核算不准确，浪费现象严重，存货的采购、验收入库、领用、保管不规范。而这一切归根到底就是缺乏一个良好的内部控制制度。仅就存货的管理来看就存在以下问题：该企业董事长常年在国外，材料采购由董事长个人掌握，材料到达后，仓库保管员因不掌握采购品种和数量只能按实际收到的材料品种和数量入库；财务部门入账不及时，发票返回周期长，发票数量与实际入库数量不一致时也不进行核对，造成材料成本不准确，忽高忽低；仓库保管员盘点结果与财务核对不一致时，既不查找原因，也不进行处理，使盘点流于形式；材料的领用不规范，车间随用随领，没有计划，多领材料时也不办理退库手续，生产中的残次料随处可见，随用随拿，浪费现象严重；存货的确认、计量没有标准，完全凭会计人员的经验，直接导致企业的成本费用不实。正是因为这些原因，一家很有发展潜力的企业破产了，企业的员工也只得另谋生计。

对于任何问题，强有力的预防永远胜于发生问题后解决问题。企业的生产经营更是如此，必须未雨绸缪，做好预防工作。完善的企业内控管理就是防范风险的有效举措。为了促进企业发展，也为了实现个人发展，员工应当积极为企业内控管理做贡献，具体可以从以下三方面做起：

1）遵守企业的内控制度，确保自己所有生产经营活动的内部记录真实、准确、完整，并确保与业务伙伴间的交易和承诺均得到有文件记录的合理授权。

2）正确制作和保存企业的文件记录。

3）提高自身修养，培养公正无私、光明磊落的良好品质。

## 6.4 商务行为规范

广义的商务行为规范指的是企业或个人在参与商务活动中所遵循的规则、准则的总称，是大家普遍接受的具有一般约束力的商务行为标准，包括商务行为规则、商务道德规范、商务行政规章、法律规定、团体章程等。

狭义的商务行为规范指的是商务行为准则，就是企业用正式的书面形式告诉员工什么可以做、什么不可以做，如果非要去做会受到什么样的处罚等，旨在明确员工的职业操守，规范员工的职业行为，让员工明白，在企业中什么是道德的、什么是不道德的。很多企业在其商务行为准则中会对员工的个人行为、如何维护合作伙伴关系、关联交易、不公平竞争等众多问题进行细致的规定，例如，对吃回扣、性骚扰、恶性竞争、行贿受贿等行为都会明令禁止。

当然，对于企业来说，商务行为规范的制定和遵守具有一定的个性化特点，不同的企业在内容上会存在一定的差异，但对责任的追究是所有商务行为准则都具有的。

### 6.4.1 自觉遵守商务行为规范

新员工应尽快熟悉所在企业的商务行为规范并严格遵守，努力做到以下几点：

1）要尽快了解企业文化的内涵和商务行为规范的要求。

2）要尽快熟悉自己的领导和每一位同事，善于观察领导和同事的优秀行为。

3）不要过于突出自己的个性，要善于适应共性。

4）行为要合法合规，不忽略小节。

### 6.4.2 自觉履行保密义务

**【案例】**

一日，A企业员工施某来找同事姚某，看到姚某办公桌上放着1份内部招标文件，于是用手机拍摄了该文件，并通过微信发送给了在B企业工作的何某，何某接收到图片后，又通过同样方式发送给了C企业职员徐某，徐某将该图片发送至同学微信群，从而引发该招标文件在网络上大范围扩散，对A企业产生了非常大的负面影响。最终，施某、姚某、何某、徐某以及其他相关人员都因此受到了相应处分。

《中华人民共和国劳动合同法》第二十三条规定，用人单位与劳动者可以在劳动合同中约定保守用人单位的商业秘密和与知识产权相关的保密事项。不论是将保密条款写进劳动合同，还是单独订立一份保密协议，员工都承担相应的保密义务。

需要保密的内容或事项往往对企业生产经营影响巨大，一旦泄露，很可能会给企业的生产经营活动带来巨大风险，甚至是重大损失。所以，员工必须牢固树立保密意识，严格遵守保密规定。作为新员工，应重点做好以下工作：

一是要明白保密的范围或对象，即哪些人不能知道，包括对身边的亲属和朋友也都要保密。

二是要明确保密的内容，即哪些信息不能被别人知道。

三是要清楚保密的时间期限，即过了什么时间就不需要保密。

四是要明确违约行为和责任，即哪些行为不要去做，做了要承担什么后果。

员工在就职过程中，如果违反了保密条款或保密协议，情节轻微的，将会受到企业的行政处罚并承担一定的责任，如支付违约金、降职、降薪等；情节严重，给企业造成重大损失的，构成侵犯商业秘密罪，会受到刑事处罚。

新员工从一开始就要管好嘴巴，管好文件，管好网络，管好手机，做好信息公开前的保密审查。

## 即学即用

1. 你所在企业对员工日常工作着装与仪表有哪些要求？

2. 你所在企业对员工打招呼、接待访客、接听电话等行为有哪些具体规范？

3. 结合所在企业实际情况，谈谈如何才能实现有效沟通。

# 第 7 章

# 和谐劳动关系

## 7.1 劳 动 合 同

《中华人民共和国劳动合同法》规定，建立劳动关系，应当订立书面劳动合同。劳动合同分为固定期限劳动合同、无固定期限劳动合同和以完成一定工作任务为期限的劳动合同，员工可以根据实际情况与企业协商选择一种签订。劳动合同是企业与员工建立劳动关系的重要协议，它可以保障双方的合法权益。如果发生劳动争议，劳动合同也是解决争议的重要依据。

### 7.1.1 劳动合同条款

劳动合同条款包括必备条款和约定条款。

劳动合同必备条款主要包括：用人单位的名称、住所和法定代表人或者主要负责人；劳动者的姓名、住址和居民身份证或者其他有效身份证件号码；劳动合同期限；工作内容和工作地点；工作时间和休息休假；劳动报酬；社会保险；劳动保护、劳动条件和职业危害防护；法律、法规规定应当纳入劳动合同的其他事项。

劳动合同约定条款一般包括试用期、培训、保守秘密、补充保险和福利待遇等事项。

### 7.1.2　变更劳动合同

有下列情形之一的，企业与员工会变更劳动合同的相应内容并及时办理变更手续：

- 企业与员工双方协商一致，需要变更劳动合同约定内容。
- 订立劳动合同所依据的法律、法规、规章发生变化，需要变更劳动合同相关内容。
- 订立劳动合同所依据的客观情况发生重大变化，致使原劳动合同无法履行，应变更劳动合同。
- 需要变更劳动合同约定内容的其他情形。

一般情况下，劳动合同变更的情形出现时，变更一方应将变更要求以书面形式通知另一方，另一方应当在15日内书面答复，逾期不答复的，视为不同意变更劳动合同。

### 7.1.3　续订劳动合同

劳动合同期满，企业与员工双方同意续订劳动合同的，应协商确定劳动合同续订事宜，并及时办理续订手续。企业不同意续订劳动合同的，一般会提前30日书面告知员工不再续签劳动合同，劳动合同期限届满劳动关系终止，企业按规定支付员工经济补偿金。员工不同意续订劳动合同的，劳动合同期限届满劳动关系终止，企业不支付经济补偿金。

一般情况下，员工收到企业续订劳动合同意向通知后，应在规定时间内予以答复，逾期不答复的或由于员工个人原因在原劳动合同期限届满日前未续订劳动合同的视为员工不同意与企业续订劳动合同，劳动合同期限届满劳动关系终止。

### 7.1.4　终止劳动合同

发生下列情形之一的，劳动合同终止：

- 劳动合同期限届满。
- 员工开始依法享受基本养老保险待遇。
- 员工死亡，或者被人民法院宣告死亡或者宣告失踪。

- 企业被依法宣告破产。
- 企业被吊销营业执照、责令关闭、撤销或者企业决定提前解散。
- 法律、行政法规规定的其他情形。

### 7.1.5 解除劳动合同

解除劳动合同通常包括以下三种情形。

1）企业与员工协商一致，可以解除劳动合同。

员工有下列情形之一的，企业可以解除劳动合同：

- 在试用期间，员工被证明不符合录用条件。
- 严重违反企业的规章制度。
- 严重失职，营私舞弊，给企业造成重大损害。
- 员工同时与其他企业建立劳动关系，对完成本企业的工作任务造成严重影响，或者经企业提出，拒不改正。
- 被依法追究刑事责任。
- 法律、行政法规规定的情形。

员工有下列情形之一的，企业提前30日以书面形式通知员工本人或者额外支付员工一个月工资后，可解除劳动合同：

- 员工患病或者非因工负伤，在规定的医疗期满后不能从事原工作，也不能从事由企业另行安排的工作。
- 员工不能胜任工作，经过培训或者调整工作岗位，仍不能胜任工作。
- 劳动合同订立时所依据的客观情况发生重大变化，致使劳动合同无法履行，经企业与员工协商，未能就变更劳动合同内容达成协议。

2）一般情况下，员工提出解除劳动合同的，应提前30日（自然日，下同）以书面形式通知企业。收到员工解除劳动合同的书面通知后，企业应在30日内答复并启动交接程序。员工在递交书面通知后至交接工作期间应正常工作，擅自不到岗工作的可被视为旷工，企业是有权按相关规定处理的。企业如在收到员工解除劳动合同的书面通知后30日内未给予员工答复，员工可自行离开，企业应及时为员工办理相关手续，劳动合同解除。

员工未提前30日书面通知而要求与企业解除劳动合同的，企业可以不予办理解除劳动合同手续。员工在试用期内提前3天通知企业的，可以解除劳动合同。

3）企业发生下列情形之一的，员工可以随时通知企业解除劳动合同：

- 未按照劳动合同约定提供劳动保护或者劳动条件。
- 未及时足额支付劳动报酬。
- 未依法为员工缴纳社会保险费。
- 企业的规章制度违反法律、法规的规定，损害员工权益。
- 以欺诈、胁迫的手段或者乘人之危，使对方在违背真实意思的情况下订立或变更劳动合同，致使劳动合同无效。
- 法律、行政法规规定员工可以解除劳动合同的其他情形。

企业以暴力、威胁或者非法限制人身自由的手段强迫员工劳动的，或者企业违章指挥、强令冒险作业危及员工人身安全的，员工可以立即解除劳动合同，不需事先告知企业。

员工因渎职、擅自离职、违反企业规章制度给企业造成严重经济损失解除劳动合同的，应依照法律法规及企业的有关规定承担赔偿责任。

## 7.2 试用与转正

新员工与企业初次签订劳动合同的，双方通常需约定试用期。同一企业与同一员工只能约定一次试用期。试用期包含在劳动合同期限内。劳动合同仅约定试用期的，试用期不成立，该期限为劳动合同期限。以完成一定工作任务为期限的劳动合同或者劳动合同期限不满三个月的，不得约定试用期。

《中华人民共和国劳动合同法》规定，劳动合同期限三个月以上不满一年的，试用期不得超过一个月；劳动合同期限一年以上不满三年的，试用期不得超过二个月；三年及以上固定期限和无固定期限的劳动合同，试用期不得超过六个月。劳动者在试用期的工资不得低于本单位相同岗位最低档工资或者劳动合同约定工资的百分之八十，并不得低于用人单位所在地的最低工资标准。

员工试用期满，企业通常会对员工进行试用期工作的考核鉴定。通过考核鉴定的，可成为企业正式员工；未通过考核鉴定的，则企业会按照相关规定与员工解除劳动合同。

# 7.3 离职与退休

## 7.3.1 离职

员工离职分两种情况：一种是员工主动离职，即员工单方面向企业提出离职申请；另一种是企业因为员工不胜任岗位、试用期工作考核鉴定不合格或严重违反企业规章制度，提出终止双方劳动关系。

这里要强调的一点是，离职与是否有退休金之间是没有关联的。

## 7.3.2 退休

退休是指根据国家有关规定，劳动者因年老或因工、因病致残，完全丧失劳动能力（或部分丧失劳动能力）而退出工作岗位。退休与每位员工息息相关，虽然很多员工距离退休还有很长时间，但及时了解退休相关规定也是十分必要的。

根据国家现行规定，工人符合下列条件之一的，应该退休：

- 男性干部、工人年满六十周岁，女性干部年满五十五周岁，女性工人年满五十周岁，连续工龄或工作年限满十年。
- 从事井下、高空、高温、特别繁重体力劳动或其他有害身体健康的工作，男年满五十五周岁、女年满四十五周岁，连续工龄满十年。
- 男年满五十周岁，女年满四十五周岁，连续工龄满十年，由医院证明，并经劳动鉴定委员会确认，完全丧失劳动能力。
- 因工致残，经医院证明，并经劳动鉴定委员会确认，完全丧失工作能力。

因公致残的情况较复杂，对此各企业也会有针对性的举措，具体以各企业有关规定为准。

员工累计缴纳养老保险费满十五年的，退休后即可按月领取基本养老金。

# 7.4 人事档案

一般企业都为员工建有档案。企业员工档案是企业人力资源部门在招用、调配、培训、考核、奖惩、选拔和任用等工作中形成的有关员工个人经历、政治思想、业务技术水平、工作表现以及工作变动等情况的文件材料，是历史地、全面地考察员工的依据，是企业档案的重要组成部分。

员工个人要有档案意识，个人资料更改或补充时应及时将有关文件或书面材料报给人力资源部门备案。要注意，员工提供的个人资料如存有虚假，企业是有权解除劳动合同的。

## 7.4.1 企业职工档案内容

根据《企业职工档案管理工作规定》，企业职工档案的内容和分类如下：

1）履历材料。

2）自传材料。

3）鉴定、考核、考察材料。

4）评定岗位技能和学历材料（包括学历、学位、学绩、培训结业成绩表和评定技能的考绩、审批等材料）。

5）政审材料。

6）参加中国共产党、共青团及民主党派的材料。

7）奖励材料。

8）处分材料。

9）招用、劳动合同、调动、聘用、复员退伍、转业、工资、保险福利待遇、出国、退休、退职等材料。

10）其他可供组织参考的材料。

### 7.4.2 建立档案

在接收员工档案方面，各企业会有自己的规定，通常情况下如果企业要接收转来的员工档案会要求员工提供以下资料：

1）员工填写“应聘登记表”，并交验各种证件。

2）1 寸免冠照片 3 张。

3）身份证原件或户口复印件。

4）学历、学位证书原件（学生提供学生证原件）。

5）资历或资格证件原件。

6）与原单位解除或终止劳动合同的证明。

7）体检合格证明等。

### 7.4.3 档案保管

1）企业人力资源部门负责人事档案保管，并根据人员变动情况及时更新。

2）员工离职时，其档案会另存整理，至少保留两年备查。

3）对于辞退、开除、自动离职的员工，其档案会经特别审查后专项保存。

## 7.5 员 工 关 系

和谐的员工关系会超越制度，更能激励员工向更高层次发展。

企业员工关系积极正向，可以吸引且留住优秀员工，提高员工生产力，增加员工对企业的忠诚度，提升工作士气，降低旷工、缺勤率，提升企业绩效。反之，企业员工关系混乱负面，则员工的干劲儿不足，积极性不高，缺勤率、离职率提高，企业绩效低下，增加了企业经营成本，导致利润不高。

### 7.5.1 沟通渠道

一般企业会积极倡导良好、和谐、简单的员工关系，提倡相互之间坦诚沟通与合作，并提供相应的沟通渠道。

- 企业人力资源部门作为员工关系管理的责任机构，通常会为员工提供劳动保障、争议和申诉处理等方面的帮助。
- 各级管理人员也会承担员工关系管理的相关责任与义务。
- 员工还可通过企业网站、报纸、电子邮件、意见箱等表达自己的想法，为企业决策提供参考。

### 7.5.2 申诉渠道

当员工认为个人利益受到侵害，或对企业的经营管理措施有不同意见，或发现有违反企业规定的行为时，可按程序选择适当的申诉渠道向企业申诉。申诉方式可选用面谈和书面等形式，如选用书面方式，申诉书须署名，否则有关申诉可能难以得到解决。原则上，员工的上层各级管理人员直至企业人力资源部门、工会均是申诉对象。一般企业会设有基层劳动争议小组、部门劳动争议小组、企业劳动争议委员会，建议员工从基层开始，逐级向上申诉。

#### 即学即用

1. 查看一下企业与你签订的劳动合同，都做了哪些方面的规定，具体内容是什么？

2. 你所在企业对员工离职有哪些规定？

3. 如果你与所在企业发生了劳动争议，你准备怎样维护你的权益？

# 第 8 章

# 维护劳动权益

## 8.1 考勤与休假

### 8.1.1 工作时间

企业一般实行标准工时制度，员工每日工作时间为 8 小时（是否包含就餐时间由企业自己决定），每周工作时间为 40 小时。根据企业生产经营需要，部分工作岗位需要实行特殊工时制度的，都会向有关劳动行政部门申报批准后实行综合计算工时制度或不定时工时制度。

有些企业会采用员工时间账户管理系统，对实行综合计算工时制度的员工考勤进行管理，从而解决由市场与销售不均衡所带来的生产不均衡问题，增加企业生产安排及员工对自身作息时间安排的灵活度。各企业对于工作时间的具体管理办法多列于相关考勤管理规定中。

### 8.1.2 考勤

考勤，顾名思义，就是考查出勤，即通过某种方式来获得员工在某个特定场所及特定时间段内的出勤情况，包括上下班、迟到、早退、病假、婚假、丧假、公休、工作时间、加班等情况。

#### （1）考勤记录

考勤记录是登记员工出勤和缺勤情况的原始记录，是企业分析和考核员工工作时间利用情况的原始依据，也是企业计算员工工资的原始依据。为了正确地计算员工工资和监督工资基金使用情况，各企业都会建立正常的考勤制度，严格劳动纪律，如实反映员工的上下班时间，以及请假、旷工、迟到、早退等情况。

### （2）加班

除国家法定或者规定的工作时间外，正常工作日延长工作时间或者双休日以及国家法定假期期间延长工作时间，称为加班。

员工加班一般应经部门主管批准，履行加班审批手续。企业安排员工加班的，企业应给予工资补偿，加班工资标准及核算方法一般依据《中华人民共和国劳动法》规定，执行企业相关制度。企业采用时间账户管理系统的，其员工加班时间和工资核算执行企业相关考勤制度规定。

《中华人民共和国劳动法》第四十一条规定，用人单位由于生产经营需要，经与工会和劳动者协商后可以延长工作时间，一般每日不得超过一小时；因特殊原因需要延长工作时间的，在保障劳动者身体健康的条件下延长工作时间每日不得超过三小时，且每月不得超过三十六小时。

《中华人民共和国劳动法》第四十四条规定，有下列情形之一的，用人单位应当按照下列标准支付高于劳动者正常工作时间工资的工资报酬：安排劳动者延长时间的，支付不低于工资的百分之一百五十的工资报酬；休息日安排劳动者工作又不能安排补休的，支付不低于工资的百分之二百的工资报酬；法定休假日安排劳动者工作的，支付不低于工资的百分之三百的工资报酬。

### （3）倒休

倒休，也称调休，是指因工作需要或员工需求，员工在规定工作时间以外加班工作，但不领取加班工资而利用其他工作日进行补休。各企业根据自身情况制定倒休制度，一般有以下内容：

- 员工倒休应提前申请，填写“倒休审批表”，履行倒休审批手续。
- 倒休申请获批后，员工方可休息，并需将“倒休审批表”提交给相应考勤员。
- 申请倒休的，企业将不再支付加班工资。

具体规定以各企业要求为准。

（4）缺勤

员工没有在工作时间上班，即为缺勤。缺勤分为请假、旷工、迟到、早退等情况。

- 请假需履行相关手续，请假期满应按期销假上班。未请假不上班或无正当理由不上班的，企业通常会按旷工处理。
- 旷工即工作时间无请假手续，无故不上班。
- 迟到是指员工在规定的上班时间后才到达生产或工作岗位（因不可抗力原因除外）。
- 早退是指员工在规定下班时间前离开生产或工作岗位。

除请假外，对员工迟到、早退、旷工等缺勤情况，企业都会做出相应惩处决定，员工应及时了解所在企业要求，执行有关规定。

（5）事假

事假是指员工因个人私事在法定工作日未到岗工作。

事假区别于员工依法享有的年休假、探亲假、婚假、丧假等，对于事假的条件、天数以及事假期间的工资待遇等，企业通常会在内部规章制度中做出规定。

员工请事假应事先填写“请假审批表”，按企业规定履行审批手续，获批后将“请假审批表”提交给考勤员，方可离开岗位，一般不可事后补假。

（6）病假

病假是指员工因患病（非因工负伤）需要治疗或休养而未到岗工作。

- 通常情况下，请病假应提前填写“请假审批表”，提供休假凭证（员工所持休假凭证应真实有效且由企业认可的医疗机构出具），按企业规定履行审批手续，获批后将“请假审批表”提交给考勤员，方可离开岗位。
- 遇特殊情况员工需请病假的，企业一般也会在相关规定中明确要求，如员工因患急症就医且需休病假的，可口头报告获得批准，并于事后持就诊医院出具的急诊证明和休假凭证，补办审批手续。员工在外地出差因病休息，可持县级及以上医院就诊凭证或休假凭证，补办审批手续。

- 一般企业要求患病员工按休假凭证的时间休息，计算病假时间以员工实际休息时间为准。
- 一般情况下，病假期间如遇公休假日、法定节假日，病假时间连续计算，病假待遇的时间按病假期间实际工作日计算。

具体规定以各企业要求为准。

为此，为维护个人合法权益，员工在工作中应掌握好医疗期的长短。

我国《企业职工患病或非因公负伤医疗期的规定》对于医疗期作出了明确规定，见下表。

**职工医疗期标准表**

| 实际工作年限 | 在本企业工作年限 | 医疗期月数 |
|---|---|---|
| 10 年以下 | 5 年以下 | 3 |
| | 5 年以上 | 6 |
| 10 年以上 | 5 年以下 | 6 |
| | 5 ~ 10 年 | 9 |
| | 10 ~ 15 年 | 12 |
| | 15 ~ 20 年 | 18 |
| | 20 年以上 | 24 |

需要指出的是，许多企业对于医疗期的期限及计算方法，在国家规定的基础上又做了许多个性化的约定，员工应予以关注。

员工休病假期间应遵守国家法律和企业规定，违反相关规定的，须承担相应责任。对于在休假凭证上弄虚作假的，企业通常会按旷工处理，执行企业相关考勤或惩处规定。

根据《中华人民共和国劳动合同法》有关规定，劳动者患病或者非因工负伤，医疗期满后，不能从事原工作也不能从事由用人单位另行安排的工作的，用人单位可以解除劳动合同，但是应当提前三十日以书面形式通知劳动者本人。

### （7）工伤停工留薪期

停工留薪期是指员工因工伤或者患职业病需要暂停工作接受医疗，原工资福利待遇不变的期限。停工留薪期需连续计算。

工伤员工应及时将工伤医疗机构出具的诊断证明或者休假证明报送给所在部门。由用人部门根据工伤医疗机构的诊断证明，按照《停工留薪期目录》确定工伤员工的停工留薪期，并书面通知工伤员工本人。

工伤期间停工留薪期的详细规定以当地实施的《工伤保险条例》为准。

**（8）婚假**

婚假是指按照法律规定给予员工的用于结婚的假期。

员工休婚假应提前申请并填写“婚假审批表”，经企业有关部门核准及员工所在部门主管领导批准，按规定享受婚假。按照国家有关规定，从2016年1月1日起取消晚婚假、晚育假。各地自行确定了有关要求，具体内容，员工可关注地方及企业有关规定。

我国《工资支付暂行规定》第十一条规定，劳动者依法享受年休假、探亲假、婚假、丧假期间，用人单位应按劳动合同规定的标准支付劳动者工资。

**（9）产假**

产假是指国家规定的女员工正常分娩所需休息恢复健康的时间，产假属于带薪假。

- 女员工生育按国家规定享有98天的产假（其中产前可以休假15天），难产的，增加产假15天，生育多胞胎的，每多生育1个婴儿，增加产假15天。
- 女员工怀孕未满4个月流产的，享受15天产假，怀孕满4个月流产的，享受42天产假。
- 女员工休产假应履行休假审批手续。

**（10）哺乳假**

我国《女职工劳动保护特别规定》第九条规定，对哺乳未满1周岁婴儿的女职工，用人单位不得延长劳动时间或者安排夜班劳动。用人单位应当在每天的劳动时间内为哺乳期女职工安排1小时哺乳时间；女职工生育多胞胎的，每多哺乳1个婴儿每天增加1小时哺乳时间。

哺乳假一年（生育之日起一年），女员工可以享受每天两次0.5小时的哺乳时间，也可以合并为1小时。时间分配由女员工自行安排，可提前1小时下班或晚上班 1 小时（哺乳假含人工喂养）。

哺乳假属于带薪假。企业不得因女员工哺乳而降低其工资、予以辞退、与其解除劳动或者聘用合同。

**（11）丧假**

丧假是指企业给予的员工处理其直系亲属丧事的假期，丧假也属于带薪假。直系亲属指员工的父母、配偶、子女。对请丧假范围的划定，各地、各企业的规定略有不同，具体以地方及企业有关规定为准。

员工请丧假须履行请假手续，由企业行政领导批准，酌情给予 1 ～ 3 天的丧假，可以根据路程远近，另给予路程假。

在批准的婚丧假和路程假期间，员工的工资照发。

**（12）公假**

这里所说的公假是指员工在工作时间请假去参加法定活动。

一般来说，法定活动包括：依法行使选举权或被选举权；当选代表出席乡（镇）、区以上政府、党派、工会、共青团、妇女联合会等组织召开的会议；出任人民法庭证人、人民陪审员；出席劳动模范、先进工作者大会；《中华人民共和国工会法》规定的不脱产的工会基层委员会非专职委员因工会活动占用的生产或工作时间，但每月不超过 3 个工作日；其他依法参加的社会活动。

员工因工作需要去参加社会活动，一般需提前申请，经主管领导批准后，按获批的时间要求参加活动。

## 8.1.3 休假

**（1）休息休假**

根据休假对象范围，休息休假可分为全体员工休假、部分员工节日休假、少数民族特有节日休假三类。

1）全体员工休假。根据《全国年节及纪念日放假办法》，全体员工放假的节日包括：

- 新年，放假 1 天（1 月 1 日）。

- 春节，放假 3 天（农历正月初一、初二、初三）。
- 清明节，放假 1 天（农历清明当日）。
- 劳动节，放假 1 天（5 月 1 日）。
- 端午节，放假 1 天（农历端午当日）。
- 中秋节，放假 1 天（农历中秋当日）。
- 国庆节，放假 3 天（10 月 1 日、2 日、3 日）。

星期六、星期日为一般企业周休息日。

2）部分员工节日休假。如妇女节（3 月 8 日），妇女放假半天；青年节（5 月 4 日），14 周岁以上的青年放假半天等。

3）少数民族特有节日休假。根据企业员工构成，按照各民族习惯，规定放假日期。具体以各企业规定为准。

### （2）带薪年休假

带薪年休假，简称年休假，是指劳动者连续工作 1 年以上，就可以享受一定时间的带薪年假。

国家法律法规中对企业员工年休假的基本规定如下：

- 与企业建立劳动关系的员工连续工作满 12 个月，享受年休假。
- 员工累计工作满 1 年不满 10 年的，年休假 5 天。
- 员工累计工作满 10 年不满 20 年的，年休假 10 天。
- 员工累计工作满 20 年的，年休假 15 天。
- 国家法定休假日、休息日不计入年休假的假期。
- 员工在年休假期间享受与正常工作期间相同的工资收入。

除国家规定外，企业往往会根据自身生产经营特点，确定企业内的年休假制度。如有的企业按聘用岗位计算年休假时间，规定如下：

- 聘用为主管（不含）以下的在岗员工，可享受 10 天年休假。
- 聘用为经理 / 主管人员，可享受 12 天年休假。

- 聘用为高级经理人员，可享受 15 天年休假。
- 聘用为总经理及以上人员，可享受 25 天年休假。

为维护个人合法权益，新员工应及时了解所在企业有关规定，做好工作统筹安排。

但是，在有些情况下，员工是不可以享受年休假的。我国《职工带薪年休假条例》第四条规定，职工有下列情形之一的，不享受当年的年休假：

- 职工依法享受寒暑假，其休假天数多于年休假天数的。
- 职工请事假累计 20 天以上且单位按照规定不扣工资的。
- 累计工作满 1 年不满 10 年的职工，请病假累计 2 个月以上的。
- 累计工作满 10 年不满 20 年的职工，请病假累计 3 个月以上的。
- 累计工作满 20 年以上的职工，请病假累计 4 个月以上的。

对于不享受年休假的情形，企业也有权根据自身生产经营特点和需要做出合理的规定，例如，员工已享受年休假年度内出现上述不享受当年的年休假情形之一的，不享受下一年度年休假；离岗休养员工，在办理离岗休养手续之后，不再享受年休假；待岗员工不享受年休假；待岗后上岗员工，当年度年休假天数按照在本企业剩余日历天数折算确定，折算后不足 1 整天的部分不享受年休假等。具体以各企业规定为准。

## 8.2 薪酬结构

薪酬结构是指在同一组织内不同岗位或不同能力员工薪酬水平的排列形式，强调薪酬水平等级的多少、不同薪酬水平之间级差的大小以及决定薪酬级差的标准，它反映了企业对不同岗位和能力的重要性及其价值的看法。

目前，很多企业都实行以岗位薪酬为主体，变动薪酬（绩效薪酬）为考核激励单元，个性化分配为补充的，适应市场需求的多元化、多层次的薪酬结构。

## 8.2.1 薪酬

### （1）岗位薪酬

岗位薪酬的确定方式因企业而异。但不论采用何种方式确定，岗位薪酬必然要体现出岗位的差异性。在此以大多数生产企业岗位薪酬的确定方式为例介绍。

岗位薪酬通常以岗位系数为支付依据，岗位系数根据岗位权利、责任、劳动强度、劳动条件、劳动技能、重要性（对产品关键度、质、量）、安全系数等评估要素确定，员工岗位薪酬多少以岗位为转移。

岗位薪酬根据岗位评估结果确定，体现员工岗位、能力等分配差别。每一个岗位一般都会设立横向薪点等级，横向薪点等级体现的是员工业绩、技能、经验、团队精神、领导能力等的差异。员工个人薪点通常在综合绩效评估结果、本企业工作时间、部门薪点比例等条件下确定，如需调整，则需由所在部门提出申请，经人力资源部门核准后调整。

### （2）绩效薪酬（变动薪酬）

一般企业都会建立与薪酬挂钩的绩效评估体系。绩效评估结果直接影响绩效薪酬（变动薪酬），并按照责、权、利相统一的原则，责任越大、职务越高，与企业评估结果挂钩比例越高。绩效薪酬是对员工超额工作部分或工作绩效突出部分所支付的奖励性报酬，旨在鼓励员工提高工作效率和工作质量。它是对员工过去工作行为和已取得成就的认可，通常随员工业绩的变化而调整。

### （3）薪酬计发

薪酬计发指的是薪酬的具体发放办法，包括如何计发在制度工作时间内员工完成一定工作量后应获得的报酬，或者在特殊情况下的薪酬如何支付等问题。具体内容包括薪酬支付项目、薪酬支付水平、薪酬支付形式、薪酬支付对象、薪酬支付时间以及特殊情况下的薪酬支付等。企业一般做法如下：

- 企业自用工之日起计算员工薪酬。
- 岗位薪酬以货币形式按月支付给员工本人，不得以实物及有价证券代替货币支付，不得克扣或者无故拖欠。
- 员工绩效薪酬（变动薪酬）根据绩效评估周期进行计发，具体会按照企业有关规定执行。

- 委托第三方人事服务企业代理的员工，其薪酬通常按照协议约定时间发放。
- 月薪酬的出勤通常核计为上一月的实际出勤。如有离职等特殊止薪原因，企业通常会结合上月和当月实际出勤支付。
- 员工个人薪酬一般由企业委托银行代发。企业提供月薪酬支付清单，员工有权查询本人的薪酬发放记录。
- 以现金形式分配的薪酬、奖励等，通常会要求员工本人以书面形式签字确认，包括确认姓名、领取数额、时间等。
- 企业与员工解除或终止劳动合同时，通常会一次性结清员工薪酬。

**（4）津贴福利**

1）津贴。津贴是补偿员工在特殊条件下的劳动消耗及生活费额外支出的薪酬补充形式。常见的津贴有高温津贴、保健津贴等。此外，企业给予的生活费补贴、价格补贴等也属于津贴。

- 高温津贴。高温津贴的发放按照我国《防暑降温措施管理办法》规定执行。各地执行的高温津贴标准不同，各企业根据实际情况也会制定相应的管理办法并按规定发放高温津贴。高温津贴不得列入最低工资中。
- 保健津贴。保健津贴是指为保障员工的身体健康而建立的津贴。很多行业、企业为了解决专职从事或直接接触有毒有害工作而影响身体健康的人员的特殊营养需要，以增进他们的身体健康，会确定相应的保健津贴标准。保健津贴的发放形式有货币形式和实物形式两种。实物形式即企业免费供应员工一定数量和质量的食品或一定数量的餐证。

此外，很多设有倒班工作制的生产企业还会设立中班、夜班津贴等，如从事中班工作到22点及以后、24点以前的，可享受中班津贴；从事夜班工作到24点以后的，可享受夜班津贴等。具体标准执行企业相关规定。

2）福利。福利是指企业为了保留和激励员工发放的非现金形式的报酬，企业福利的内容很多，各企业间的差异也比较大，通常包括以下内容：

- 为减轻员工生活负担，保障员工基本生活而建立的各种补贴，如员工生活困难补贴、员工住房补贴等。

- 为员工生活提供方便而建立的集体福利设施，如员工食堂、理发室、浴室等。
- 为活跃员工文化生活而建立的各种文化、体育设施，如阅览室、健身房、游泳馆等。
- 各种福利礼品，如中秋节给员工发月饼、水果，春节给员工发年货等。
- 为保障员工身心健康实施的保障措施，如冬季取暖和夏季清凉饮料待遇，免费体检，带薪休假等。

企业通常会根据自身经营状况调整和确定员工福利水平。具体以各企业规定为准。

### 8.2.2 保险及住房公积金

#### （1）社会保险及住房公积金

社会保险是按国家法律规定强制实施的保险制度，凡在实施范围内的单位和个人都必须参加，并按照规定的费率缴纳。住房公积金是单位及其在职职工缴存的长期住房储金。住房公积金制度具有强制性、互助性、保障性。

员工与企业签订劳动合同后，企业会按照国家规定为员工缴纳五险一金，缴纳比例可查询当地有关要求及企业有关规定。

#### （2）企业保险

企业保险是一种以寿险、健康险为主要保险形式的能使企业长期经营或留住人才的保险制度。除上面提到的五险一金外，一些企业还会根据自身的生产经营情况和承受能力为员工提供补充医疗保险、人身意外伤害保险、家庭财产保险、信贷保险等商业保险，并根据企业经营状况不断为员工建立新的福利项目，扩大企业补充保险险种，提高保险待遇及福利水平。

企业年金是一种补充性养老金制度，是指企业及其员工在依法参加基本养老保险的基础上，自主建立的补充养老保险制度，以便更好地保障员工退休后的生活。企业建立企业年金的一般做法为：

- 企业年金按照自愿、量力原则，由企业和员工自愿选择参加。

- 参加企业年金计划，除企业缴费外，员工也需相应地匹配缴费。

## 8.3 激励约束

激励约束是指企业通过特定的方法与管理体系将员工对组织及工作的承诺最大化的过程，主要包括奖励制度和惩处制度。

### 8.3.1 奖励制度

企业员工奖励制度是企业对遵守劳动纪律的优秀员工进行精神和物质鼓励的一种制度。

企业一般会定期评选表现优异、为企业做出突出贡献的员工，授予如优秀奖、贡献奖、杰出贡献奖等奖项，并对获得奖项的员工在企业内外进行通报表扬，有的企业还可能发放相应的物质奖励。

各企业会根据实际情况制定相应的奖励制度或方案，奖励条件和内容等不尽相同。一般对员工的奖励方式有记功、记大功，技能晋级，授予先进生产（工作）者、劳动模范荣誉称号等。企业奖励制度中规定的情形就是企业内优秀员工等荣誉的评定标准，新员工应将其作为奋斗的目标、工作的标尺，激励和促进个人的职业生涯发展。

### 8.3.2 惩处制度

企业员工惩处制度是企业对违反劳动纪律的员工，按其所犯错误情节轻重给予批评教育或处分的制度。惩处是巩固企业劳动纪律的重要措施之一。

与奖励制度一样，各企业的惩处制度或方案也不尽相同。一般企业对员工的惩处方式有警告、严重警告、降薪、解除劳动合同等。

企业惩处通常不是定期发生的，只有在员工违反劳动纪律时，企业才会做出相应的惩处决定。企业惩处制度中规定的情形就是企业明令禁止的行为，员工必须引以为戒，高度重视，绝不能踩“红线”，以免影响个人职业生涯发展。同时，员工必须清晰地认识到，企业的惩处制度的目的并非处罚员工，而是希望通过这种方式帮助员工树立规矩意识，自觉地按要求实施工作行为，养成正确的、良好的工作习惯。

## 8.4 维护合法权益

当前，一些用人单位侵害员工合法权益的现象仍时有发生，如不与员工签订劳动合同，无故拖欠、克扣工资，不按规定提供安全生产条件，不缴纳社会保险费，随意解除劳动合同等。那么，员工可以通过哪些途径来维护合法权益呢?

### 8.4.1 申请劳动争议调解、仲裁

劳动争议也称劳动纠纷，是劳动关系当事人之间因劳动权利和义务产生分歧而引起的争议。劳动争议只能发生在存在劳动关系的用人单位和劳动者之间，没有劳动关系的存在，劳动争议就不可能发生。

#### （1）可以申请调解和仲裁的劳动争议

员工与用人单位之间发生的下列劳动争议，可以申请劳动争议调解和仲裁。

1）因确认劳动关系发生的争议。

2）因订立、履行、变更、解除和终止劳动合同发生的争议。

3）因除名、辞退和辞职、离职发生的争议。

4）因工作时间、休息休假、社会保险、福利、培训以及劳动保护发生的争议。

5）因劳动报酬、工伤医疗费、经济补偿或者赔偿金等发生的争议。

6）法律法规规定的其他劳动争议。

#### （2）劳动争议解决程序

员工与用人单位之间发生劳动争议后，可以按照“协商、调解、一裁两审”的基本程序办理。具体如下：

1）协商解决。员工和用人单位在自愿的基础上进行协商，也可以请工会或者第三方共同与用人单位协商，达成和解协议。

2）调解解决。不愿协商、协商不成或者达成和解协议不履行的，员工和用人单位都可向调解组织申请调解。

3）仲裁解决。不愿调解、调解不成或者达成调解协议后不履行的，员工和用人单位都可向劳动争议仲裁委员会申请仲裁。

4）诉讼解决。员工或者用人单位对仲裁裁决不服的，除《中华人民共和国劳动争议调解仲裁法》另有规定的外，可以向人民法院提起一审诉讼，对一审判决不服的，可以上诉至上一级人民法院。

**【案例】**

小胡进城务工，与一家装潢公司签订了为期3年的劳动合同，现已工作一年多。有一次小胡因为请假与领导发生了争执，赌气一天没有上班。该领导认为小胡违反公司规章制度，于是做出了解除劳动合同的决定。小胡接到解除劳动合同的通知后，认为是公司领导蓄意报复他，于是找到公司领导交涉，但没有结果。他与工友商量后，便到当地劳动争议仲裁委员会申请仲裁。接待他的工作人员了解情况后，告诉他需要提交书面申请书并讲解了申请书如何写。小胡心想：口头说不就行了吗，为什么要写书面申请呢？

根据《中华人民共和国劳动争议调解仲裁法》规定，申请劳动争议仲裁应当向劳动争议仲裁委员提交书面仲裁申请。法律这样规定，是为了使劳动争议案件的仲裁有可靠的依据，更好地维护当事人的合法权益。仲裁申请书应当载明的事项包括：

- 劳动者的姓名、性别、年龄、职业、工作单位和住所，用人单位的名称、住所和法定代表人或者主要负责人的姓名、职务。
- 仲裁请求和所根据的事实、理由。
- 证据和证据来源、证人的姓名和住所。

## 8.4.2 向劳动保障监察机构投诉举报

劳动保障监察是劳动保障行政部门依法对用人单位遵守劳动保障法律、法规情况进行监督检查，发现和纠正违法行为，并对违法行为依法进行行政处理或行政处罚的行政执法活动。员工对用人单位侵害员工合法权益的违法行为有权投诉、举报，劳动保障监察机构将依法做出处理，纠正用人单位的违法行为。

### （1）应投诉、举报的违法行为

员工可以投诉、举报用人单位的以下行为：

1）未依法与员工订立劳动合同或非法解除与员工订立的劳动合同。

2）非法招用员工，包括招用童工等。

3）收取风险抵押金等不合理费用或者扣押员工的证件。

4）克扣、无故拖欠员工工资或者支付给员工的工资低于当地最低工资标准。

5）不遵守工作时间和休息休假的法律规定。

6）违反女员工、未成年工特殊劳动保护规定和残疾人劳动权益保障规定。

7）违反社会保险法律规定，未依法履行参加社会保险、缴纳社会保险费义务。

8）违反招用涉及公共安全、人身健康、生命财产安全等特殊工种从业人员规定。

### （2）如何向劳动保障监察机构投诉、举报

可以直接到劳动保障监察机构投诉、举报用人单位的违法行为，也可以采取电话、信函等形式，但要注意应尽可能提供与投诉、举报的违法行为有关的事实和证据材料。

要注意投诉与举报的区别，合理选择投诉或举报的方式。

1）如何投诉。根据《劳动保障监察条例》规定，劳动者认为用人单位侵犯其劳动保障合法权益的，有权向劳动保障行政部门投诉。

向劳动保障行政部门投诉时，投诉人应当递交投诉文书。书写投诉文书确有困难的，可以口头投诉，由劳动保障监察机构进行笔录，并由投诉人签字。投诉文书应当载明投诉人的姓名、性别、年龄、职业、工作单位、住所和联系方式，被投诉用人单位的名称、住所、法定代表人或者主要负责人的姓名、职务，以及劳动保障合法权益受到侵害的事实和投诉请求事项。

同时，劳动者要特别注意，违反劳动保障法律的行为必须发生在 2 年内；有明确的被投诉用人单位，且投诉人的合法权益受到侵害是由被投诉用人单位违反

劳动保障法律的行为所造成的；属于劳动保障监察职权范围并由受理投诉的劳动保障行政部门管辖。

劳动者还要注意受理时限，即劳动保障行政部门对违反劳动保障法律的行为的调查，应当自立案之日起 60 个工作日内完成；情况复杂的，经劳动保障行政部门负责人批准，可以延长 30 个工作日。另外，投诉前一定要保存好有效证据，如劳动合同等，没有合同的一定要保存工资条、饭票、工作牌、出入证、安全证等，这些都有可能作为证明劳动关系曾经存在的有效证据。

2）如何举报。劳动者对自身合法权益或者其他劳动者合法权益受到用人单位侵害的，都可以举报。任何组织或个人向劳动保障行政部门举报用人单位的违法行为，劳动保障行政部门应当为举报人保密。

**【案例】**

周某某开了一家服装厂，生意很好，接了好几笔大订单，已连续 3 个月让工人们每天加班 4 个小时。下面的工长向他汇报说："工人们天天加班太累了，还没有加班工资，怨言不少呀。"但周某某却不以为然地说："怕什么，你就去跟他们说，谁要不愿干，就给我走人！"哪知没过几天，劳动保障监察大队找上门来，说："有工人举报你们厂长期超时加班加点，还不发加班工资，请你配合调查，接受处理。"

周某某的服装厂连续 3 个月让工人每天加班 4 个小时，显然已严重违反《中华人民共和国劳动法》的有关规定，不付加班工资的行为更是进一步侵犯了劳动者的合法权益。因此，劳动保障行政部门接到举报后，立即登记立案并到用人单位调查取证。根据此案的情况，劳动保障行政部门将责令该服装厂限期支付工人们的加班工资；逾期不支付的，责令加付应付金额 50%~100% 的赔偿金。

### 8.4.3 申请行政复议或提起行政诉讼

当员工认为人力资源社会保障部门作出的具体行政行为侵犯其合法权益时，可以依法申请行政复议或提起行政诉讼。

#### （1）申请行政复议

1）员工对人力资源社会保障部门作出的下列具体行政行为不服的，可以依法申请行政复议：

①认为人力资源社会保障部门不履行保护劳动者获取劳动报酬权、休息休假权、社会保险权等法定职责的。

②认为人力资源社会保障部门违法收费或者违法要求履行义务的。

③对人力资源社会保障部门作出的认定工伤等行政确认不服的。

2）申请行政复议的方法如下：

①应自知道该具体行政行为之日起60日内提出行政复议申请。

②申请行政复议，可以书面申请，也可以口头申请。

③对县级以上人力资源社会保障行政部门的具体行政行为不服的，可以向上一级人力资源社会保障行政部门申请行政复议，也可以向该人力资源社会保障行政部门的本级人民政府申请行政复议。

④对人力资源社会保障行政部门按照国务院规定设立的社会保险经办机构依照法律、法规规定作出的具体行政行为不服，可以向直接管理该社会保险经办机构的人力资源社会保障行政部门申请行政复议。

### （2）提起行政诉讼

与申请行政复议一样，行政诉讼也是员工维护自身合法权益的重要途径之一。

如果对行政复议决定不服，员工可以在收到复议决定书之日起15日内向人民法院提起诉讼。复议机关逾期不作决定的，员工可以在复议期满之日起15日内向人民法院提起诉讼。法律另有规定的除外。

此外，对属人民法院受案范围的行政案件，员工也可以直接向人民法院提起诉讼。

《中华人民共和国劳动合同法》规定，劳动行政部门和其他有关主管部门及其工作人员玩忽职守、不履行法定职责，或者违法行使职权，给劳动者或用人单位造成损害的，应当承担赔偿责任；对直接负责的主管人员和其他直接责任人员，依法给予行政处分；构成犯罪的，依法追究刑事责任。

### 8.4.4 寻求工会组织的帮助

依法维护员工的合法权益是工会的基本职责。工会监督劳动保障法律、法规的实施，是群众监督的重要组成部分，对于实现法律、法规规定的员工的各项权益具有重要作用。因此，员工当自身合法权益受到侵犯时，不要忘了可以寻求工会组织的帮助。

（1）劳动合同的签订和履行

工会帮助、指导员工签订劳动合同，并监督劳动合同的履行。

根据《中华人民共和国劳动法》和《中华人民共和国工会法》规定，工会代表职工与企业进行平等协商，就劳动报酬、工作时间、休息休假、劳动安全卫生、保险福利等事项签订集体合同，并帮助、指导职工签订劳动合同，防止在劳动合同中出现侵犯职工合法权益的条款。《中华人民共和国劳动合同法》规定，需要裁减人员 20 人以上或者裁减不足 20 人但占企业职工总数 10%以上的，用人单位提前 30 日向工会或者全体职工说明情况，听取工会或职工的意见，裁减人员方案经向劳动行政部门报告，可以裁减人员。用人单位单方解除劳动合同，应当事先将理由通知工会。用人单位违反法律、行政法规或者劳动合同约定的，工会有权要求用人单位纠正。劳动者申请仲裁、提起诉讼的，工会依法给予支持和帮助。

（2）遵守劳动保障法律、法规情况

工会对用人单位遵守劳动保障法律、法规的情况进行监督。

用人单位违反劳动保障法律、法规规定，往往会造成对员工合法劳动保障权益的侵犯。工会维护员工的劳动保障权益，主要手段之一就是监督劳动保障法律、法规的实施。当发现用人单位侵犯员工劳动保障权益的情形时，工会将代表员工与用人单位交涉，要求用人单位采取措施予以改正。如果用人单位拒不改正，工会可以提请当地人民政府依法作出处理。

（3）劳动安全卫生条件

工会对企业劳动安全卫生条件进行监督。

生命安全和健康是劳动权利的重要方面，也是劳动保护的重要内容。工会依照国家规定对企业劳动条件和安全卫生设施实施监督，行使维护员工权益的职责。工会在生产过程中发现明显重大事故隐患和职业危害，有权提出解决的建议，企业应当及时研究答复；发现危及员工生命安全的情况时，工会有权向企业建议组织员工撤离危险现场，企业必须及时做出处理决定。当伤亡事故和其他严重危害员工健康的事件发生后，工会通过参加调查，要求追究直接负责的主管人员和有关责任人员的责任，做好善后工作，对于维护员工的权益也是十分重要的。

**【案例】**

某纺织厂有300多名女员工，原有的女员工健康保障设施较为完备，如女员工卫生室、孕妇休息室等。但为了追求经济效益，厂方决定将靠近路边的孕妇休息室改装成门面房出租。厂里80%的女员工处于育龄期，因此都反对这一决定，纷纷向厂工会反映。厂工会认为这是一件关系员工切身利益的事，于是代表员工与厂方进行交涉，要求保留孕妇休息室。厂方认真研究了工会的意见，重新开放了孕妇休息室。

我国《女职工劳动保护特别规定》指出，女职工比较多的用人单位应当根据女职工的需要，建立女职工卫生室、孕妇休息室、哺乳室等设施。本案例中，工会组织根据国家规定，代表员工与厂方协商，维护了本厂女员工的权益，是一种很好的维权方式。

## 即学即用

1. 你所在企业在考勤管理方面都有哪些规定？

2. 你了解所在企业的薪酬结构吗？你所在岗位的薪酬由哪些部分组成？在企业中居于怎样的水平？薪酬的涨跌与哪些因素有关？

3. 你了解所在企业的请假制度吗？除法定假期外，你所在企业还规定了其他哪些假期？

# 第9章 培训与发展

企业培训的目标在于使员工在知识、技能、工作方法、工作态度以及工作的价值观方面得到改善和提高，从而利于发挥出员工的最大潜力，提高个人和组织的业绩，推动个人和组织的不断进步，实现个人和组织的双重发展。

员工参加培训能够提升自身的知识和技能水平，预防知识老化和技能过时，增强个人竞争力；能够提高自身的综合学习能力，增强自信心和安全感；利于挖掘自我潜力，增加升职加薪的机会；利于拓展自我视野，激发追求进步的意愿，促进个人职业生涯的发展。

## 9.1　企业培训原则

企业对员工开展培训通常遵循系统性原则、理论与实践相结合原则、专业技能培训与综合素养培训相结合原则。

### 9.1.1　系统性原则

企业培训通常是一个全员性的、全方位的、贯穿员工职业生涯的系统工程。系统性原则体现在全员性、全方位性、全过程性三个方面。全员性指员工培训覆盖全体员工，全方位性指企业根据员工个人发展、组织目标、企业文化等各方面需求开展培训，全过程性指企业针对员工在不同职业发展阶段的发展需要进行培训设计。

### 9.1.2 理论与实践相结合原则

企业培训注重将专业知识技能、一般工作原理与工作实际问题相结合，注重实践操作及应用，强调学员的参与和互动，帮助员工在实践中体会理论的实质，在实际工作中提升专业技能水平。

### 9.1.3 专业技能培训与综合素养培训相结合原则

企业培训通常以与工作岗位要求相联系、利于解决实际问题的专业知识技能培训为主，还包括一些利于提高员工综合素养的相关培训。

## 9.2 企业培训类型

为保障企业培训理念及人才战略的落实，很多企业成立了专门的培训部门或聘请专业培训机构，全面负责企业各层级、名类别的培训工作，并在业务部门设立相应的基层培训区，作为补充和支持。

企业为员工提供的培训通常包括管理培训、技术技能培训、项目培训、职业培训等，有些企业还会根据需要提供质量体系、合规、安全、创新方法推广、精益管理、跨文化沟通等专题培训，不定期举办相关讲座及沙龙等。近年来，在中央和各地政府的高度重视下，各级各类职业技能竞赛广泛开展，很多企业鼓励和积极组织员工参加技能竞赛等，以赛促训，加快提升员工的技能水平。

### 9.2.1 管理培训

管理培训旨在提升企业各层级、各类别人员的管理能力、领导力、执行力、职业素养、人文素养等。企业管理培训系列课程体系主要包括经理以上的管理层高端培训、各层级管理人员的系列培训、高潜能人才培训、白领通用管理课程培训、车间班组长 / 工段长系列管理能力培训、新员工入职培训等。不同层级的员工根据自身需要参加相应的培训。

### 9.2.2 技术技能培训

技术技能培训以提高企业各岗位、各级别技术技能人才的技术技能水平，满足企业生产及未来发展需要为目的，主要涉及基础类技术技能培训、生产技术及工艺培训、工艺设备自动化培训，以及特有及特种作业（叉车工、低压电工、电气焊工等）上岗取证及年审培训等。

### 9.2.3 项目培训

项目培训通常是为满足新项目投产、序列化生产和新技术应用需要而开展的培训。根据新项目工作进度安排，企业通常会派出相应的生产技术骨干作为“种子员工”到国内其他企业甚至国外先进企业进行专项培训。

### 9.2.4 企校合作开展职业培训

职业培训的目的在于加速培养技术业务骨干和熟练工人，提高员工的文化素质和技术水平，促进企业生产率和经济效益的提高。一般企业会通过企校合作等方式组织专项技术培训，培养高素质技能人才。企校合作开展的职业培训通常包括以下类型：一是企业员工岗前培训，即对企业新入职员工开展以与其岗位相应的技能、知识为主，同时包括工匠精神、职业道德、质量意识、法律意识、安全环保、消防法律法规和安全知识、健康卫生等通用职业素质的岗前培训。二是企业新型学徒制培训，即对与企业签订 1 年及以上劳动合同的技能岗位新招用和转岗等人员，企业结合生产实际自主确定培养对象（学徒），培养目标以符合企业岗位需求的四级 / 中级工、三级 / 高级工、二级 / 技师及一级 / 高级技师为主，培养期限为 1 ~ 2 年，特殊情况可延长到 3 年。通过参加企业新型学徒制培训，员工可实现提升通用素质、夯实专业基础、提高操作技能的目的。三是企业员工岗位技能提升培训，即对企业各岗位工作员工开展有关岗位技术业务知识和实际操作能力的培训，以达到发挥员工技术潜能、激发员工创新欲望、增强员工职场竞争力、提升企业劳动绩效从而实现企业又好又快发展的目的。

## 9.3 企业培训纪律

为确保培训取得良好效果，提高培训质量，实现培训与人才发展有机联动，企业通常会制定员工培训考勤管理制度。

员工一旦承诺参加某项培训，应积极安排好工作，全程参与培训，并努力将培训成果应用于日常工作，促进工作改进和绩效提高。如确实不能参加培训，应按企业有关制度规定请假。

通常企业会将员工培训相关信息记录在员工个人培训数据库里，对重要培训还可能记录在员工个人人事档案中。员工参加的各种培训都可能成为员工岗位胜任力评估、年度绩效考核、领导力评估与发展以及是否应予以提拔等事项的重要参考。

## 9.4 关注晋升发展

企业岗位一般分为管理职务类岗位、专业技术类岗位和生产作业类岗位。企业通常会为内部各类岗位设计相应的晋升发展通道，以此拓展员工职业发展空间。顺畅的职业通道可以帮助企业深入了解员工的潜能，也可以使员工更加关注自身未来的发展方向并为之努力。

职业通道主要分为横向职业通道、双重职业通道和多重职业通道三类，按职业性质又可分为管理性职业通道、技术性职业通道和技能性职业通道三类。

横向职业通道采取工作轮换的方式，通过横向调动使员工工作具有多样性，以利于员工个人能力的培养、工作兴趣的提升，满足员工发展的需要；有利于员工发现个人能力上的优势与强项，挖掘潜能，避免择岗的盲目性；有利于增强员工新岗位的胜任力、增加员工就业的安全感。这种模式下，员工虽然没有加薪或晋升，但可以增加自己对组织的价值认同感，使自己有一种获得新生的感觉。

双重职业通道是指在为普通员工进行正常职业通道设计时，为专业技术人员另外设计一条职业发展通道，从而在满足大部分员工职业发展需要的同时，也能够满足专业技术人员自身的技术技能发展需要。

多重职业通道将双重职业通道中对专业技术人员的通道设计分成多个技术技能通道，为专业技术人员的职业发展提供了更大的空间。例如，某技术企业为专业技术人员设计的职业发展通道有技术人员通道、技术带头人通道和技术管理人员通道。多重职业通道可以为员工提供更多的职业发展机会，也便于员工找到与自己兴趣相符、真正适合自己的工作，实现自己的职业发展目标，同时也能增加组织效益。

### 9.4.1 管理职务类岗位发展通道

管理职务类岗位是指在某个部门或者某个领域负责统筹协调、调度的岗位，在企业中通常起着承上启下的作用，通常根据不同行业、企业、部门的需要而设置人员的构架。例如，某企业管理职务类岗位发展通道为：职能组长（工段长）→助理经理→高级经理→部门总经理→副总裁→执行副总裁→高级执行副总裁→首席执行官（CEO）。

### 9.4.2 专业技术类岗位发展通道

专业技术指技术人员的专业水平、能力以及成就，反映技术人员的学术水平和专业性。拥有哪项技术资格，可在一定程度上代表其具有了何种专业技术水平，可以从事哪种岗位的工作。专业技术水平通常体现在员工的职称方面，一般分为初级职称、中级职称、高级职称。例如，某企业专业技术类岗位（技术人员）发展通道为：助理工程师（职员）→责任工程师（专员）→主任工程师/管理师→高级主任工程师/管理师→专业技术首席专家→企业首席专家。

### 9.4.3 生产作业类岗位发展通道

企业生产作业类岗位员工就业所需的技术和能力称为职业技能。职业技能通常可分为五个等级，即初级、中级、高级、技师和高级技师，有的企业还设有首席技师、特级技师等。例如，某企业生产作业类岗位（含保障工与辅助工）发展通道为：操作工（含保障工与辅助工）→副班长→班长→技师→高级技师→首席技师。

### 9.4.4 其他发展通道

企业人力资源部门通常会与主管领导共同配合，基于员工个人发展与企业发展需要，将个人因素与组织因素、社会因素组合进行分析和策划，为员工提供职业生涯设计及辅导咨询。员工可在专业人员的指导下选择适合自己的职业发展通道，制订个人职业发展规划。

对于蓝领技能人才的发展和职业规划，我国企业通常采取学徒制形式，鼓励“传帮带”，并通过各种技能培训及鉴定，建立蓝领技能人才梯队。对此，员工应积极参与。

此外，很多企业为开发员工多方位能力，培养复合型人才，还会实施岗位交流计划。岗位交流通常遵循因岗制宜、量才适用、自主自愿与组织需要相结合等原则。

#### 即学即用

1. 结合自己的理解，谈谈员工参加培训有何意义。

2. 你所在企业对员工参加培训有硬性要求吗？具体规定是怎样的？

3. 基于当前的岗位，你在企业中可能的发展通道是怎样的？怎样才能实现这样的职业发展？

## 综合练习

至此，入企教育的全部课程就结束了，希望对你尽快融入工作能够有所帮助。请结合你的学习体会完成以下练习，并牢记你现在的选择。预祝你在工作岗位上取得佳绩！

1. 你对所在企业的企业文化有了解吗？谈谈你的看法。

_____________________________________________

_____________________________________________

_____________________________________________

_____________________________________________

_____________________________________________

2. 你所在企业建立了哪些管理制度？你将如何遵守？

_____________________________________________

_____________________________________________

_____________________________________________

_____________________________________________

_____________________________________________

_____________________________________________

3. 员工不同于学生，通过本次学习，你做好角色转变的准备了吗？

_____________________________________________

_____________________________________________

_____________________________________________

_____________________________________________

_____________________________________________

_____________________________________________

4. 你所在企业内有没有让你崇拜的榜样人物？你愿意通过自己的努力成为他那样的人吗？

______________________________________________

______________________________________________

______________________________________________

______________________________________________

______________________________________________

______________________________________________

______________________________________________

5. 在这家企业，你有长远的职业发展想法吗？为什么？

______________________________________________

______________________________________________

______________________________________________

______________________________________________

______________________________________________

______________________________________________

______________________________________________

6. 如果在工作中遇到困难，你将如何面对？对于工作压力，你是怎么看的？你有哪些缓解工作压力的办法，可以分享一下吗？

______________________________________________

______________________________________________

______________________________________________

______________________________________________

______________________________________________

______________________________________________

______________________________________________

7. 谈谈你对自己的未来是如何规划的。